C. Iulius Caesar
De bello Gallico

Sprache und Leserlenkung in Caesars Bellum Helveticum

Textbeschreibungen,
Tafelbilder
und Unterrichtsvorschläge
zu BG 1, 1–30

von **Hans-Joachim Glücklich**

Ernst Klett Verlag

Hans-Joachim Glücklich
Sprache und Leserlenkung in Caesars Bellum Helveticum
Lehrerkommentar zu:
Caesar: De bello Gallico
Textauswahl und Erläuterungen von H.-J. Glücklich
Klettbuch-Nr. 6302

Inhalt

ISBN 3-12-630230-0

1. Auflage   1 5 4 3 2 1 | 1989 88 87 86 85

Umschlag: Kurt Weidemann, Stuttgart.
Satz: Setzerei Lihs, Ludwigsburg.
Druck: Industriedruck Rampf, Stuttgart.

1 Einleitung

1.1 Ziel dieses Buches

In diesem Buch werden die 30 Kapitel des ‚Bellum Helveticum' nach textsemantischen und textsyntaktischen Gesichtspunkten beschrieben; Autorintention und Leserlenkung werden erarbeitet und dargestellt; aus dem Textverlauf und der Interpretation werden Vorschläge für die Erarbeitung der einzelnen Kapitel im Unterricht hergeleitet. Ergänzend werden Tafelbilder (Abschnitt 9) oder Folien (Abschnitt 10), Möglichkeiten der Grammatikwiederholung und -einübung (Abschnitt 11) sowie Klassenarbeiten vorgeschlagen (Abschnitt 12). All diese ergänzenden Vorschläge entsprechen den Prinzipien der Texterschließung und der Interpretation mit den Mitteln der Textsemantik und der Textsyntax.

1.2 Textsyntax, Textsemantik, Textpragmatik

Die Texterschließung nach textsemantischen und textsyntaktischen Gesichtspunkten kann sichere Grundlagen für das Verstehen und für die Interpretation von Texten liefern. Textpragmatische Arbeit kommt hinzu, also solche Untersuchungen, die die Bedeutung des Textes bei seinem Erscheinen untersuchen, Autor und Adressaten, ihre Denkvoraussetzungen und ihre gesellschaftliche und historische Situation und dabei auch im Text vorausgesetzte Realienkenntnisse für heutige Leser klären. Wer nicht weiß, was hinter den Begriffen Helvetier, Gallier, Germanen, Rhein, Marne, Seine steckt, dem wird es schwerfallen, manche Ausführungen Caesars zu verstehen.

Caesar macht es seinen Lesern freilich bereits im 1. Kapitel seines ‚Bellum Gallicum' besonders leicht, indem er solche Realienkenntnisse vermittelt. Hier zeigt sich die didaktische Seite Caesars. An anderen Stellen bzw. in anderen Bereichen kann Caesar für seine römischen Leser auf Erläuterungen verzichten, etwa wenn er im Kapitel 4 schreibt, die ‚Familie' des Orgetorix habe aus annähernd 10000 Personen bestanden. Ein Römer wußte, daß *familia* „die Gesamtheit der unter einem *dominus* stehenden Sklaven, das Gesinde, die Dienerschaft, besonders als Angehörige und Teil der Familie, dann übertragen die ganze Hausgenossenschaft (Freie und Sklaven)" meint[1]. Ein heutiger Leser aus einer Kleinfamilie reagiert ohne dieses Wissen erstaunt, amüsiert oder skeptisch-ablehnend.

Im allgemeinen ist Caesar aber ein leserfreundlicher Autor und klärt viele Verstehensvoraussetzungen, z. B. beschreibt er, wo die einzelnen genannten Völker wohnen, daß Kelten Gallier sind, welchen Einfluß und Stand Orgetorix, Dumnorix und Diviciacus haben, was im Cassianischen Krieg geschehen ist. Er beschränkt sich nicht auf die Nennung von Namen, setzt nicht detaillierte Kenntnisse bei seinen Lesern voraus, sondern erinnert sie zumindest. Das ist ein in der Fachdidaktik übersehener Grund dafür, daß Caesar Vorteile für eine Mittelstufenlektüre bietet. Man prüfe unter dem Gesichtspunkt der vorausgesetzten Realienkenntnisse und der Textpragmatik andere Vorschläge für die Mittelstufenlektüre. Die als Alternativen vorgeschlagenen Texte sind bisweilen syntaktisch einfacher, nicht aber semantisch, nicht in den pragmatischen Voraussetzungen. (Aber auch Caesars Text wird durch Erläuterungen zu seinen – von ihm selbst erläuterten oder auch nicht erläuterten – pragmatischen Voraussetzungen besser erfaßbar, man denke an seine am *mos maiorum* ausgerichteten Argumentationen.)

Wenn auch Realienkenntnisse und textpragmatische Untersuchungen ihren großen Wert haben, so werden sie doch im Schulunterricht von der Textsyntax und der Textsemantik als Mittel übertroffen, den Aufbau, den Inhalt, das Ziel und die Eigenart eines Textes zu erfassen. Textgrammatik ist erlernbar, sie hat eine übersichtliche und beschränkte Anzahl von Untersuchungsprinzipien, während Rea-

[1] K. E. Georges: Ausführliches lateinisch-deutsches Handwörterbuch, Erster Band, Hannover [10]1959, Sp. 2682.

lienkenntnisse zu jedem Text in neuer Formation erlernt werden müßten. Dies kann von Schülern nicht erwartet werden. Solche Realienkenntnisse zu vermitteln und die Voraussetzungen für ein adäquates Textverständnis auf pragmatischer Ebene zu schaffen, ist Sache des Lehrers oder des Kommentars. (Mit größerem Zeitverlust können auch Begleitbücher zur Realienkunde oder Schülerreferate eingesetzt werden.)

Die Prinzipien der Textsemantik und der Textsyntax seien im folgenden an Beispielen dargestellt. Die Textverlaufsbeschreibungen zu den Kapiteln 1–30 des 1. Buches des ‚Bellum Gallicum' werden diese Prinzipien nicht jeweils alle, nicht schematisch und nicht umfassend anwenden, weil dies zu umfangreich würde. Sie beschränken sich vielmehr jeweils auf die kapitel- und textartbedingten wichtigsten Untersuchungsrichtungen.

1.3 Textsemantische Fragestellungen mit Beispielen aus dem ‚Bellum Helveticum'

Die Textsemantik untersucht: Wie baut sich die Bedeutung eines Textes in den verwendeten Wörtern und deren jeweiliger Bedeutung auf[2]? Sie achtet daher auf die folgenden Erscheinungen:

(1) Wiederholungen von Wörtern (sog. Rekurrenzen):
Im ‚Bellum Gallicum' 1,1 kehrt z. B. *Galli* aus § 1 in *Gallos* (§ 2) und *Gallos* (§ 4) wieder, *Germani* aus § 3 in *cum Germanis* (§ 4) und *bellum gerunt* (§ 3) in *bellum gerunt* (§ 4).

(2) Umschreibung von Wörtern durch andere Wörter (sog. Paraphrase): *Gall.* 1,1 wird z. B. umschrieben *partes tres* (§ 1) durch *unam, aliam, tertiam* (§ 1), *Belgae, Aquitani, Galli* (§ 1) durch *hi omnes* (§ 2) und *horum omnium* (§ 2), *continenter bellum gerunt* (§ 3) durch *fere cotidianis proeliis contendunt* (§ 4), *fortissimi sunt* (§ 3) durch *virtute praecedunt* (§ 4).

(3) Umschreibung von Wörtern durch Verweisformen (Vorverweise, Rückverweise, umschreibende Verbindungen, die ein Demonstrativpronomen enthalten):
Gall. 1,1 ist z. B. *horum omnium* (§ 2) ein Rückverweis auf *Belgae, Aquitani, Galli* § 1, *-nt* in *absunt* (§ 3) und *sunt* auf *Belgae* (§ 3), *qui -nt* und *quibus(cum)* sind Rückverweise auf *Germanis* (§ 3), *qua de causa* (§ 4) ist ein Rückverweis auf *proximique sunt... gerunt* (§ 3), *suis* (§ 4) und *ipsi* (§ 4) sind Rückverweise auf *Helvetii* (§ 4), *eorum* (§ 4) ist ein Rückverweis auf *Germanis* (§ 4).

(4) Bezug verschiedener Ausdrücke auf ein und dieselbe Person oder Sache:
Gall. 1,1 meinen z. B. *Celtae* und *Galli* ein und denselben Stamm, *partes tres, unam, aliam, tertiam* meinen *Gallia omnis, suis finibus prohibent* und *in eorum finibus bellum gerunt* meinen *fere cotidianis proeliis cum Germanis bellum gerunt.*

(5) Wortfelder von Begriffen die grundsätzlich oder im aktuellen thematischen Zusammenhang zusammengehören:
Grundsätzlich gehören z. B. ‚laufen', ‚gehen',

[2] Zur Textsemantik vgl. man z. B.: Dressler, W.: Einführung in die Textlinguistik, Tübingen [2]1973; Höhn, W.: Zur Anwendung textlinguistischer Verfahren im Lateinunterricht der Sekundarstufe II, in: Höhn, W./Zink, N. (Hrsg.): Handbuch für den Lateinunterricht. Sekundarstufe II, Frankfurt am Main 1979, S. 133–150; Ulrich, W.: Handbuch linguistischer Grundbegriffe, Kiel 1972; Glücklich, H.-J.: Fachstudium als Vorbereitung erfolgreichen Unterrichtens. Interpretationsmethoden, Textanalyse, Grammatiklehre; in: Der altsprachliche Unterricht XXIV/6, 1981, S. 53–79; Glücklich, H.-J./Nickel, R./Petersen, P.: Interpretatio. Neue lateinische Textgrammatik, Freiburg/Würzburg 1980; Erklärungen und Aufgaben in den Lehrbüchern *Contextus.* Eine Einführung in das Lateinische als 2. Fremdsprache (von Gaul, D./Heilmann, W./Höhn, W./Pürzer, U.), Frankfurt am Main 1977 (insbesondere die semantischen Aufgaben mit dem Buchstaben E) und *Fontes.* Lehrgang für Latein als 3. Fremsprache und für späteren Beginn (von Glücklich, H.-J/ Holtermann, H./Zapfe, W.), Göttingen 1979 (bes. 6.5 und 6.13); ferner: die Beispiele bei Glücklich, H.-J.: Vergil, Aeneis. Texte mit Erläuterungen. Arbeitsaufträge, Begleittexte, Interpretationsgesichtspunkte, metrischer Anhang und Stilistik, Göttingen 1984 (Exempla. Lateinische Texte H. 6), S. 102f.

‚Fuß' zusammen, in einem bestimmten Zusammenhang auch ‚laufen', ‚gehen', ‚Fuß', ‚Hürde', ‚Startschuß'.
Beispiele aus *Gall.* 1,1: Grundsätzlich gehören zusammen in ein Wortfeld *mercatores* und *important* (§ 3), im aktuellen Zusammenhang gehört es jedoch zusammen mit *ad effeminandos animos* einem größeren Wortfeld an, das im Gegensatz (Opposition) zum großen Wortfeld *fortissimi, virtute praecedunt* steht, zu dem auch die Kriegsausdrücke *continenter bellum gerunt, fere cotidianis proeliis ... contendunt, finibus ... prohibent* und *bellum gerunt* gehören. Weitere Wortfelder in *Gall.* 1,1 sind: Volksnamen und Gebietsbezeichnungen *(Gallia, Belgae, Aquitani, Celtae, Galli, Gallos, Aquitanis, Garunna flumen, Belgis, Matrona, Sequana, Belgae, provinciae, Germanis, Rhenum, Helvetii, Gallos, Germanis, finibus, finibus),* Wohnen *(incolunt, incolunt),* Trennen und Bewegung, die die Trennung aufhebt *(in partes tres, unam, aliam, tertiam, inter se differunt, dividit, a cultu ... longissime absunt, minimeque ... saepe commeant, cum aut suis finibus eos prohibent aut ipsi in eorum finibus bellum gerunt).*
(6) Feststellung des Themas und des Rhemas in jedem Satz, also dessen, was bereits aus dem Vorigen bekannt ist *(Thema* = das Gesetzte), und dessen, was im Satz neu gesagt wird *(Rhema* svw. das Gesagte):
Naturgemäß kann dies nicht für den Anfang eines Textes gelten. Hier ist alles neu. Deswegen ist der erste Satz oder sind der erste und zweite Satz eines Textes auch sinnvoll nach *Satz*erschließungsprinzipien erschließbar. Spätestens danach jedoch kann man Thema und Rhema unterscheiden und so schnell den gedanklichen Fortschritt im Text erkennen: *Gall.* 1,1,3 ist fast alles noch Rhema außer *horum omnium. Gall.* 1,1,4 ist jedoch gegenüber § 3 folgendes festzustellen: Bekannt ist *fere ... contendunt* aus § 3 *(Germanis, quibuscum continenter bellum gerunt),* ferner *... bellum gerunt* am Schluß aus der gleichen Formulierung in § 3. Neu ist: *Helvetii quoque*, die Gleichsetzung mit den Belgern bewirkend; *reliquos Gallos:* während bisher das Bezugssystem Gesamtgallien mit seinen drei Teilen war, geht es jetzt nur um den dritten Teil und um die Unterscheidung der Helvetier von den übrigen (Süd)Galliern; *cum aut suis finibus prohibent aut ipsi in eorum finibus (bellum gerunt):* die Tapferkeit und ihre Begründung gleicht der der Belger, die Anlässe für kriegerische Auseinandersetzungen bleiben jedoch nicht wie bei den Belgern ungenannt, sondern werden in zwei sehr unterschiedliche *(aut – aut)* zerlegt: Verteidigungskrieg *(suis finibus, eos prohibent)* und Angriffskrieg bzw. zumindest Hineintragen des Krieges in germanisches Gebiet *(ipsi in eorum finibus bellum gerunt).* Caesar schildert es in dieser Reihenfolge, der Angriffskrieg erscheint zum Schluß. Die Helvetier sind zwar ein kleineres Volk als die Belger, aber aggressiver. Das steht als Leitgedanke über dem ‚Bellum Helveticum'.

1.4 Textsyntaktische Fragestellungen mit Beispielen aus dem ‚Bellum Helveticum'

Die Textsyntax untersucht: Wie baut sich die Bedeutung eines Textes durch die verwendeten syntaktischen Mittel auf[3]? Sie achtet auf die folgenden Bereiche: Tempus, Modus, Personenkennzeichnung, Diathese (Genus verbi), Konnektoren. Es sind dies alles grammatische Erscheinungen, die nicht vom Satz aus erklärt werden können und nach denen man nicht von einem Satzglied her Fragen stellen (‚konstruieren') kann. Vielmehr sind es grammatische Erscheinungen, die vom Textzusammenhang erklärbar sind und der Intention des Autors in besonderem Maße unterliegen. Sie stehen auf der Grenze zwischen Syntax und Semantik oder anders: neben ihrer textsyntaktischen Aufgabe haben sie auch noch eine semantische Aufgabe. Bis auf die Konnektoren werden die grammatischen Erscheinungen dieser Gruppe alle im Verb signalisiert.
Im einzelnen kann man auf folgendes achten:
(1) Strukturierung des Textes durch die ver-

[3] Zur Textsyntax vgl. man die in Anm. 2 genannte Literatur, ferner: Heilmann, W.: Strukturelle Sprachbetrachtung im Lateinunterricht, in: Der altsprachliche Unterricht XVI/5, 1973, S. 7–25; die Beispiele in der in Anm. 2 genannten Ausgabe der ‚Aeneis', S. 103f.

wendeten Tempora in Aktionen, Begleiterscheinungen und Szenen:
Die Aktionen einer Handlung werden im Perfekt oder im szenischen Präsens geschildert (dieses Präsens könnte man auch ‚Reportagepräsens' nennen); Hintergrundberichte erfolgen im Imperfekt, Rückgriffe im Plusquamperfekt.
So lassen sich z. B. *Gall.* 1,7,9,10 oder 11 gliedern.
1,7: Beginn mit einer Szene im Präsens (es werden nur die Hauptsatztempora berücksichtigt): *maturat ... contendit ... pervenit ... imperat ... iubet* (dazwischen eine Hintergrundschilderung im Imperfekt: *erat) ... mittunt* (wieder Hintergrundschilderung: *obtinebant)* ... (1–3). Dann Fortsetzung als historischer Bericht mit der Erzähletappe *respondit,* der zwei erklärende Hintergrundschilderungen vorausgehen *(putabat ... existimabat).*
1,9: Hintergrundschilderung *poterant* (§ 1); Szene *mittunt* (§ 2); Hintergrund *poterat ... erat ... studebat ... volebat* (§ 3), Szene *suscipit ... impetrat ... perficit* (§ 4).
1,10: Szene *nuntiatur* (§ 1), Hintergrund *intellegebat* (§ 2), Erzähletappe *praefecit* (§ 3 a), Übergang zum szenischen Präsens: *contendit ... conscribit ... educit ... contendit ... conantur* (§§ 3–4), dann Erzähletappe *pervenit* (§ 5 a), dann noch einmal szenisch *ducit* (§ 5) mit anschließender Erläuterung im Präsens *(sunt).*
1,11: Rückgriff *traduxerant ... pervenerant* § 1, Hintergrund *populabantur* (§ 1), Szene *mittunt ... faciunt ... recipiunt ... demonstrant ... statuit (statuit* kann auch als ausdrückliche Erzähletappe im Perfekt aufgefaßt werden).
(2) Strukturierung des Textes durch die Modi in Aussagen, Wünsche/Befehle, Vorstellungen (Potentialis, Irrealis) und Tatsachen (Indikativ):
Die Modi spielen besonders in der direkten Rede und in Dialogen eine Rolle, daher im ersten Buch des ‚Bellum Gallicum' kaum. Jedoch ist Divicos Rede 13,3–7 ein anschauliches Beispiel: drei Wunschsätze *(reminisceretur* 4, *ne tribueret aut despiceret* 5, *ne committeret* 7) herrschen vor gegenüber zwei Aussagesätzen *(ituros atque futuros* 3, *se didicisse* 6). Beobachtet man in diesem Abschnitt die Modi, so kann man sogar vor der semantischen Erarbeitung den Charakter des Textes erfassen: Divico als Sprecher der von Caesar geschockten oder perplex gemachten Helvetier (vgl. 13,2) spricht Wünsche und Verbote aus, stellt (unverschämte) Forderungen oder kaschiert die problematische Lage der Helvetier durch forciert-forsches Auftreten.
(3) Strukturierung des Textes durch die verwendete Diathese (‚Zustandsart') in Handlungen, Zustände, Tun und Erleiden, Heraushebung des Handelnden oder des von der Handlung Betroffenen oder Verschweigen des Akteurs oder des Betroffenen:
Beispiele: 1,1,4 sind die Helvetier als Akteure herausgestellt (Aktiv), 12,7 Caesar; in 9,1 wird der Akteur verschwiegen (Passiv *relinquebatur)*, ebenso 21,4 (vgl. die Interpretation zur Stelle).
(4) Verteilung der Informationen in einer Rede oder in einem Dialog auf Sprecher (1. Person), Angesprochenen (2. Person) und Besprochenes (besprochene Personen oder Sachen, 3. Person). Aus dieser Verteilung kann man erkennen, wie sehr Sprecher und Angesprochener in den Vordergrund gerückt sind oder in den Hintergrund treten. (In Catulls c. 51 wird z. B. die angeredete Lesbia kaum mit Informationen in der 2. Person versehen, vielmehr wird ihre Wirkung am Sprecher und an einem angenommenen Dritten – *ille* – gezeigt.)
Die Personenkennzeichnung spielt im 1. Buch des ‚Bellum Gallicum' naturgemäß keine Rolle, weil es keine direkte Reden enthält. Jedoch gliedert der Personenwechsel die Kapitel 21–25, wenn er sich auch nur in der 3. Person Singular und Plural abspielt, und ist grundlegend für die Interpretation dieser Kapitel.
Die Personenkennzeichnung könnte auch zu den Erscheinungen der Semantik gerechnet werden. Da sie aber in den Prädikaten verankert ist, wird sie hier unter die textsyntaktischen Erscheinungen aufgenommen.
(5) Strukturierung des Textes durch Konnektoren (‚Satzverbinder') und zwar sowohl durch gleichordnende Konnektoren (die mehrere Hauptsätze oder mehrere Gliedsätze mit-

einander verbinden) als auch durch unterordnende Konnektoren (die Haupt- und Gliedsätze oder Gliedsätze verschiedenen Grades miteinander verbinden):
Besonders kennzeichnend ist der Konnektorengebrauch in der argumentierenden Rede Caesars 1,14. Viele Konnektoren zeigen ein voraussetzungsreiches Denken und sind kennzeichnend für argumentative oder reflektierte Äußerungen. Sparsame Verwendung von Konnektoren kann geringere Reflexion zeigen oder dem Leser die Herstellung der logischen Verbindungen überlassen (so etwa Sallust, *Catilinae coniuratio* 5 im Unterschied zu c. 61) oder aber ein besonders raffiniertes Mitel sein, Aktion zu suggerieren (so etwa *Gall.* 1,20,5–6 im Unterschied zu 1,20,1–4, vgl. die Interpretation des Kapitels).

1.5 Andere sprachliche Fragestellungen

Zur Untersuchung des Textaufbaus gehören auch Fragen der Gedankenführung, des Satzbaus, der Wortwahl, der stilistischen Figuren und Tropen (bei der Dichtung auch die Wahl des Metrums und metrische Eigenarten). Solche Fragen sind in der Untersuchung der Textsemantik und der Textsyntax bereits angelegt, sie können jedoch als eigene Untersuchungsbereiche in einem Raster mit Interpretationsgesichtspunkten aufgeführt werden. Durch diesen aufgegliederten Raster (vgl. unten 1.8) hat der Schüler immer die wichtigsten Gesichtspunkte der sprachlichen Interpretation übersichtlich vor sich liegen, gewöhnt sich an sie und beherrscht sie so mit der Zeit auch ohne Vorlage. Für die stilistischen Mittel können ihm ebenfalls Listen zur Verfügung stehen, die er über längere Zeit benutzen kann, so daß durch Gebrauch ihre Kenntnis und Beherrschung erreicht werden (vgl. in der Textausgabe des Verfassers[4] den Arbeitskommentar 14 A 3, 30 A 1, 31 Z 1). Durch den häufigen Umgang mit solchen Rastern und Listen kann es auch zu einer auf Erfahrung beruhenden Fähigkeit kommen, bei bestimmten Texten bestimmte stilistische Erscheinungen zu erwarten, ihr Ausbleiben oder das Auftauchen anderer Erscheinungen als ungewöhnlich zu erkennen und entsprechend zu interpretieren.

1.6 Textpragmatische Fragestellungen

Außer dem sprachlichen ist, wie in Abschnitt 1.2 dargestellt, der pragmatische Aspekt zur richtigen Beurteilung von Texten wichtig[5]. Bei Caesar ist insbesondere stets die Frage zu berücksichtigen, was der Autor bei seinen Lesern erreichen will, welcher Art die Leser sind, welchen Standes, welcher politischen Einstellung, in welchen Denkweisen erzogen. Dazu gibt die Textausgabe des Verfassers Auskunft (vgl. besonders die Einleitung, Abschnitt A zur politischen Vorgeschichte und Caesars politischer Absicht, die er mit der Veröffentlichung des ‚Bellum Gallicum' verbindet, Abschnitt B als Zusammenfassung des Abschnitts A, Abschnitt C zur sprachlichen Kommunikation, Abschnitt D zu den pragmatischen Voraussetzungen im römischen Denken, Abschnitt E zu den römischen Erfahrungen mit den Galliern und ihren so geprägten Auffassungen von ihnen).
Ferner ist bei den einzelnen Reden textimmanent herauszuarbeiten, wer zu wem in welcher Situation und mit welchem Ziel spricht. Hierbei ist wieder die sprachliche Beobachtung die Methode, diese inhaltlichen Fragen zu beantworten. Die einzelnen Fragestellungen sind in den Interpretationsgesichtspunkten unter 2.1–2.11 aufgeführt (vgl. unten 1.8).

1.7 Heutige Fragestellungen zu antiken Texten

Auch der Standpunkt des heutigen Lesers kann nicht unberücksichtigt bleiben, weil er

[4] C. Iulius Caesar, De bello Gallico. Textauswahl mit Wort- und Sacherläuterungen. Arbeitskommentar mit Zweittexten von H.-J. Glücklich, Stuttgart ²1983.

[5] Zur Textpragmatik vgl. man außer der in Anm. 2 und 3 genannten Literatur etwa: Heilmann, W.: Sprachreflexion im Lateinunterricht, in: Höhn, W./Zink, N. (Hrsg.): Handbuch für den Lateinunterricht. Sekundarstufe II, Frankfurt am Main 1979, S. 108–132, bes. 126–132.

mit seinen gesellschaftlichen und individuellen, biographischen Voraussetzungen und Prägungen den Text liest. Mögliche Untersuchungsrichtungen in diesem Bereich – der mit ‚Tua res agitur', ‚existentieller Transfer', ‚pädagogische Interpretation' und anderen Schlagwörtern gekennzeichnet worden ist – sind in den Interpretationsgesichtspunkten 3.1–3.7 aufgeführt. Einige Texte im Arbeitskommentar der Caesar-Ausgabe regen zu solchen Fragestellungen an[6].

1.8 Interpretationsraster: ‚Untersuchungsbereiche und Fragestellungen bei der Interpretation lateinischer Texte'

Es ergibt sich so ein kompliziertes, vielfältig geschichtetes Interpretationsmodell:
Wir sind auf die sprachliche Beobachtung und Auswertung angewiesen, dürfen aber auch außersprachliche oder aus anderen Texten stammende Informationen nicht unberücksichtigt lassen und werden zusätzlich von unseren eigenen Vorstellungen, Prägungen und Interessen geleitet. Der folgende Raster mit ‚Interpretationsgesichtspunkten' listet Fragestellungen auf und teilt sie in drei Gruppen ein. Der Schwerpunkt der unterrichtlichen Arbeit liegt sicher im ersten, dem sprachlichen Bereich. Die beiden anderen Bereiche können aber nicht ausgespart werden. Ebensowenig können die drei Bereiche strikt voneinander getrennt werden. Der Raster hat daher einerseits die Aufgabe, den Wert aller drei Bereiche zu zeigen, andererseits die drei Bereiche handhabbar zu machen und grundsätzliche Fragestellungen und Auslegungstechniken dem Schüler gegliedert zu vermitteln.

Untersuchungsbereiche und Fragestellungen bei der Interpretation lateinischer Texte[7]

Aspekt	Teilfragen
1. Textaufbau Die Strukturbeschreibung zeigt Aufbau und Zusammenhang des Textes oder des Textabschnittes und macht die Bedeutung der einzelnen Teile innerhalb des Ganzen klar.	1.1 Semantische Kohärenz (Wiederholungen, Umschreibungen, Verweisformen, Wortfelder, Thema-Rhema-Gliederung). 1.2 Strukturierung des Textes durch Tempus, Modus, Diathese, Personenkennzeichnung und Konnektoren. 1.3 Formale und inhaltliche Gliederung. 1.4 Stilistische Mittel (Figuren, Tropen und ihre Wirkung, Metrik). 1.5 Sprachniveau (Satzbau einfach oder kompliziert, korrekt oder nicht; verwendete Wörter aus hoher, entlegener, Umgangs-, Alltags-, Fachsprache). 1.6 Art der Gedankenführung (geradlinig, umständlich, kreisförmig zum Ausgangspunkt zurückkehrend u. ä.).
2. Historisch-politisch-soziologische Einordnung des Textes Jede Aussage erfolgt unter konkreten historisch-politischen Bedingungen, vor dem Hintergrund bestimmter Weltanschauungen und Wertsysteme.	2.1 Sprecher des Textes. 2.2 Unmittelbarer Adressat des Textes. 2.3 Andere mögliche Adressaten des Textes bei seiner Abfassung. 2.4 Konkrete historische Situation, in der der Text erscheint. 2.5 Kommen die historisch-politischen Bedingungen im Text selbst zur Sprache?

	2.6 Welche Bedeutung wurde den Ereignissen, die der Text darstellt, zur Zeit seiner Entstehung beigemessen? 2.7 Innerhalb welchen gesellschaftlichen Systems kommt der Autor zu seiner Aussage? 2.8 Wie steht der Text zu diesem System (z. B. bestätigend, verherrlichend, ablehnend, kritisch-solidarisch)? 2.9 In welcher philosophisch-weltanschaulichen Tradition stehen Begriffe und Inhalte des Textes? 2.10 In welchem Verhältnis steht diese Weltanschauung zu anderen gleichzeitig wirksamen Auffassungen? 2.11 Verhältnis des Textes zu anderen Texten der gleichen Zeit, insbesondere zu solchen gleichen Inhalts oder gleicher Gattung?
3. Übertragbarkeit der Aussage Die Aussagen des Autors können ganz oder teilweise auf die heutige Zeit übertragbar sein, weil menschliche Verhaltensweisen und gesellschaftliche Strukturen fortbestehen. Oder die Aussagen des Autors können ganz oder teilweise überholt sein, weil sich die sozialen und politischen Verhältnisse geändert und Technik und Wissenschaft weiterentwickelt haben.	3.1 Situation und Ziele des Autors (vgl. 2). 3.2 Situation und Einstellung der von ihm gewünschten unmittelbaren Adressaten? 3.3 Verhältnis der Ziele des Autors zur Einstellung seiner Adressaten? 3.4 Welche Bedeutung wird den dargestellten Ereignissen heute beigemessen (vgl. 2.6)? 3.5 Wie werden die historische Situation und die sozialen Verhältnisse, in denen das Werk erschien, heute beurteilt (vgl. 2.7 - 2.8)? 3.6 Situation und Einstellung des heutigen Lesers: - individuelle Gefühle und Haltungen - gesellschaftlich-politische Prägungen - kulturelle Prägungen - Ergebnisse verschiedener Wissenschaften (z. B. Psychologie, Humanbiologie, Verhaltensforschung, Politologie), die die Gültigkeit der Autorenaussage beleuchten (vgl. 2.9 - 2.10). 3.7 Verhältnis der Ziele des Autors zur Einstellung heutiger Leser?

[6] Vgl. etwa Ahrens, E. (Hrsg.): Lateinausbildung im Studienseminar, Frankfurt am Main [2]1966, S. 209–211 (Zitatsammlung zum Thema ‚Schulinterpretation'); Jäkel, W.: Methodik des altsprachlichen Unterrichts, Heidelberg [2]1966, S. 145f.; Munding, H.: „Existentieller Transfer" bei lateinischen Historikern, in: Maier, F. (Hrsg.): Antike Texte – moderne Interpretation, Beiheft zur Zeitschrift ‚Anregung', München o. J. (1974/75), S. 7–18. – Beispiele für entsprechende Begleittexte sind in der genannten Caesarausgabe (s. o. Anm. 4) etwa 2 Z 5, 11 Z 2–4, 40 Z 5. Texte, die einen solchen aktuellen Bezug ermöglichen, können in einer Textausgabe selbst nicht so aktuell sein, weil Tagesaktualität zwar in den Unterricht eingebracht werden kann, dann aber oft rasch vergeht. Der Lateinlehrer ist hier also wie etwa der Lehrer der politischen Bildung zum Verfolgen des politischen Gesehens aufgefordert und muß entsprechend selbst für aktuelle Begleittexte sorgen bzw. auf aktuelle Vergleiche, die die Schüler anstellen, eingehen können.

[7] Entnommen aus der in S. 4, Anm. 2 genannten Ausgabe der ‚Aeneis' Vergils.

1.9 Tafelbilder zur Lektüre des ‚Bellum Helveticum'

Die abgedruckten Tafelbilder sind Maximalvorschläge. Sie folgen meistens dem Prinzip, daß das Tafelbild optisch den Gesamtverlauf der Unterrichtsstunde begleiten soll: Während der Texterschließung nach textsemantischen und textsyntaktischen Gesichtspunkten werden die wichtigen lateinischen Begriffe jeweils dann, wenn die Schüler sie nennen, an die vorgeplante Stelle an die Tafel geschrieben. Bei der Interpretation während und nach der Texterschließung und der Übersetzung werden die im Unterrichtsgespräch erarbeiteten Linien, Symbole und deutschen Zusätze an der vorgeplanten Stelle des Tafelbildes eingetragen. Auf diese Weise enthält das Tafelbild *in nuce* den Verlauf und den Ertrag der Unterrichtsstunde. Es kann am Schluß der Stunde einer Zusammenfassung durch einen Schüler dienen. Es kann von den Schülern bei der Entstehung oder am Schluß der Stunde ins Heft übertragen und so Grundlage der Wiederholung und der schriftlichen Interpretation werden[8].

Einige wichtige Bemerkungen sind jedoch zusätzlich zu machen:

(a) Da die abgedruckten Tafelbilder Maximalvorschläge sind, empfiehlt sich sehr oft eine Kürzung

- zur Entlastung des Lehrers von Schreibarbeit,
- wegen des zur Verfügung stehenden Platzes an der Tafel,
- zur Konzentration auf das Allerwesentlichste.

(b) Wer keine Kürzung bevorzugt, wird oft zu vorbereiteten Folien greifen (dazu unten Abschnitt 1.10).

(c) Die Linien, Symbole und deutschen Zusätze wird man zwar oft an die vorgeplante Stelle im Tafelbild eintragen. Man kann und soll sich dabei jedoch größte Freiheit und Flexibilität bewahren und weitmöglich auf die Vorschläge der Schüler eingehen. Oft ergeben sich dadurch Verbesserungen. Auf jeden Fall wird es so das Tafelbild der Schüler (oder *auch* der Schüler) und dient damit erst recht seinem Zweck, Anschaulichkeit, Behaltbarkeit und Zusammenfassung des Durchgenommenen zu bewirken.

(d) Aus demselben Grund ist es auch wichtig, die Nennung von Begriffen oder Auswertungen und ihre Eintragung ins Tafelbild zu koordinieren. Erst diese Koordination und Kombination von Akustischem und Optischem in etwa dem gleichen Moment wirkt verstärkend im Sinne der Lernpsychologie. Ihr zufolge wird behalten: von dem, was man liest, 10 %; von dem, was man hört, 20 %; von dem was man sieht, etwa 30 %; von dem, was man sieht und zugleich hört, etwa 70 %[9].

Vermieden werden müßte daher, daß die Eintragungen ins Tafelbild gegenüber der Nennung durch den Schüler wesentlich verspätet erfolgen oder daß anderes, als der Schüler gerade nennt, eingetragen wird, was im Extremfall dazu führt, daß verspätet etwas früher Genanntes eingetragen wird, in diesem Moment aber ein Schüler ganz anderes sagt und so das Tafelbild als Distraktor, als Widerpart statt als Partner des Unterrichtsgeschehens wirkt[10].

(e) Vorrang hat das Unterrichtsgeschehen. Wenn es das lebendige Unterrichtsgespräch oder die Schwierigkeit, neben dem Unterrichtsgespräch auch die Eintragungen ins Tafelbild zu erledigen, erforderlich machten, das Unterrichtsgespräch abrupt zu unterbrechen – ja zu stören –, um das Tafelbild zu erstellen, dann sollte man lieber auf das Tafelbild oder auf seine Vollständigkeit verzichten. Denn das Tafelbild ist nicht Selbstzweck. Ein Mittelweg ist die Verkürzung der abgedruckten Tafelbildvorschläge.

(f) Farbige Eintragungen verstärken Anschaulichkeit, Übersichtlichkeit und Einprägsamkeit. Gleichrangiges bekommt die gleiche Farbe. Die Farbe könnte nach der Bedeutung

---

[8] Vgl. Verf.: Lateinunterricht. Didaktik und Methodik, Göttingen 1978, S. 36–40.

[9] Vgl. Müller, W.: Der Tageslichtprojektor im Lateinunterricht. Eine Einführung mit praktischen Beispielen, Bamberg 1981, S. 24. Die in den Textverlaufsbeschreibungen dargelegten Verwendungsformen der Folien gehen über die Vorschläge Müllers hinaus.

[10] Vgl. unten Abschnitt 10 unter 2 (b) zur Folienverwendung.

des Eingetragenen und nach praktischen Erwägungen gewählt werden. Das lateinische Wortmaterial erhält die Farbe weiß. Überschriften erhalten die Farbe rot, Zusätze die Farbe grün oder blau, Linien und Symbole eine der vorgenannten Farben rot, grün oder blau, je nach Bedeutung[11].

1.10 Der Einsatz von Folien

(1) Folien erleichtern das Unterrichten aus verschiedenen Gründen:

- Der Lehrer wird in der Unterrichtsstunde von Schreibarbeit entlastet;
- die Anordnung der Eintragungen kann, wie geplant, erfolgen, die Eintragung von Linien und Symbolen erfolgt in Ruhe, sauber und exakt;
- es kann Zeit gegenüber Tafelbildeintragungen gespart werden;
- Optisches wird tatsächlich synchron zum Akustischen sichtbar;
- der Lehrer muß sich nicht von der Klasse abwenden wie beim Anschreiben an der Tafel;
- es gelingen im Aufdeck- oder im Overlay-Verfahren optisch besonders starke Wirkungen, etwa nach den S. 25f. und 47 dargestellten Mustern.

(2) Folien können aber auch Gefahren und Störfaktoren in den Unterricht bringen:
(a) Der technische Apparat steht im Vordergrund.
(b) Die vorgefertigte Folie kann Abweichungen von der Planung, also die Flexibilität, verhindern oder erschweren. Im Extremfall muß man wählen zwischen Flexibilität mit Verzicht auf die Verwendung der vorbereiteten Folie und Weiterverwendung der Folie mit starker Lenkung der Schüler. Die Wahl der ersten Alternative ist meist die bessere.
(3) Bei Folieneinsatz empfehlen sich daher, damit die genannten Vorteile erreicht, die Nachteile vermieden werden, insbesondere das Aufdeck- und das Overlay-Verfahren.

Das *Aufdeckverfahren* kann bei den lateinischen Eintragungen während der textsemantischen und textsyntaktischen Erschließung eingesetzt werden. Alle lateinischen Eintragungen sind bereits in der Folie enthalten. Das ist vertretbar, weil hier zumindest in der Formulierung die Schüler keine Wahl haben, sondern den Text beobachten und das darin Enthaltene erkennen und nennen müssen. Und dieser Text liegt nun einmal fest, nur in der Reihenfolge der Beobachtungen können die Schüler vom Vorgeplanten abweichen.
Das Aufdeckverfahren ist deshalb notwendig und selbstverständlich, weil vom vorbereiteten Tafelbild bzw. Folienbild immer nur das sichtbar werden darf, was die Schüler genannt haben bzw. nennen. Da es dabei vorkommen kann, daß Schüler erst später im Text Vorkommendes früher als anderes nennen, wird man auch hierbei flexibel bleiben wollen. Entweder ist die vorbereitete Folie mit vielen kleinen angeklebten Papierstreifen versehen, die variabel aufgeklappt werden können und so jeweils ein Stück der vorbereiteten Folieneintragung freigeben. Oder man kombiniert das Aufdecken mehrerer Eintragungen, also der vom Schüler ‚verfrüht' genannten Textstellen und der rasch nachgetragenen Zwischenglieder.

Daß Schüler bei Aufträgen zur textsemantischen oder textsyntaktischen Beobachtung nicht immer systematisch in der Reihenfolge des Textes vorgehen, sondern springen oder manche erwähnenswerte Erscheinung überspringen, hat vielerlei Ursachen, z.B.: mangelnde Vokabelkenntnisse oder nicht ausgebildete Kombinationsfähigkeit lassen sie bestimmte Vokabeln nicht erkennen oder nicht sofort als zu einem bestimmten Wortfeld gehörig erkennen; mangelnde Konzentration befördert die Eile des Textdurchgangs; Fähigkeit zum raschen Lesen bewirkt, daß die entscheidenden und allerwichtigsten Teile eines Wortfeldes oder einer Tempusgliederung besonders rasch erkannt werden, auch wenn dabei weniger wichtige Erscheinungen ausgelassen werden.

Das *Overlayverfahren* empfiehlt sich für die Interpretation. Auf einer oder mehreren zusätzlichen Folien, die über die Folie mit den lateinischen Eintragungen geklappt werden können, sind erwartete deutsche Zusätze,

[11] Zur Verwendung von Farben vgl. Maier, F.: Lateinunterricht zwischen Tradition und Fortschritt. Bd. 1: Zur Theorie und Praxis des lateinischen Sprachunterrichts, Bamberg 1979, S. 64–66.

Überschriften, Symbole, Linien und Pfeile eingetragen. Sie können entsprechend den Schülerbeiträgen über die Textfolie gelegt werden. Auch diese Überlegfolien können in sich gestückelt sein, so daß man variabler auf die Schülerbeiträge eingehen und immer nur den (vorbereiteten) Teil über die Textfolie klappen kann, der von den Schülern erarbeitet bzw. durch einen Schülerbeitrag begründet ist. Manchmal genügen statt einer oder mehrerer Überlegfolien auch wenige kleine Folienstückchen, die an der entsprechenden Stelle der Grundfolie mit dem lateinischen Text zum Überklappen mit Klarsichtklebeband angeklebt werden. Oft genügt neben der Textfolie auch eine weitere, unbeschriebene Folie, auf die während des Unterrichts deutsche Eintragungen, Linien, Symbole, Pfeile oder ähnliches eingetragen werden. So kann man die Textfolie immer wieder verwenden, die Überlegfolie entsteht stets neu und in Anpassung an die Schülerbeiträge.

(4) Man sieht: Das alte Tafelbild hat seine Vorzüge, das Folienverfahren ist aufwendig, wenn es ähnlich variabel wie das Tafelbild sein soll.

Es hat jedoch einen entscheidenden Vorteil gegenüber dem Tafelbild: Es kann optisch eindrucksvoller sein und es ist wiederverwendbar. Es kann zum Beispiel am Beginn der folgenden Stunde wieder aufgelegt werden und der Wiederholung dienen. Oder, wenn es mehrere Stunden zusammenfaßt, kann es aufgelegt und fortgesetzt werden, die Wiedererarbeitung eines Tafelbildes, das erneute Anschreiben an die Tafel, Zeitverlust entfallen. Optisch wird der Anschluß an die vorige Stunde sichtbar. Sehr praktisch ist dies bei Textvergleichen, wenn etwa der Divicorede (1,13) die Caesarrede (1,14) gegenübergestellt wird oder dem Diviciacus-Abschnitt in Kapitel 1,20 (§§ 1–4) der Caesar-Abschnitt (§§ 5–6, vgl. unten Abb. S. 74). Auch kann bisweilen ein bereits erarbeiteter Text als Leitlinie für die Erschließung eines neuen ähnlichen oder kontrastierenden Textes dienen (vgl. unten zu 1,17 und 18 mit Abb. S. 69)[12].

1.11 Grammatikwiederholung während der Lektüre des ‚Bellum Helveticum'

(1) Grammatikwiederholung während der Lektüre ist notwendig. Die Beherrschung grammatikalischer Kenntnisse kann sich nicht nur durch das Übersetzen von Texten einstellen oder festigen, sie muß auch gezielt geübt werden, weil so die wichtigsten grammatischen Gebiete erstens in ihrer Struktur und in ihren Übersetzungsproblemen bewußtgemacht und zweitens konzentriert und immer wieder praktisch gehandhabt werden.

Man kann bei der Wiederholung der Grammatik in der Lektürephase textbezogen und textfrei oder lektürebezogen bzw. lektürefrei arbeiten.

(2) *Textfreie Grammatikwiederholung* arbeitet mit Hilfsbüchern, z. B. ‚Compendium Latinum', ‚Die Version aus dem Lateinischen', ‚Interpretatio. Neue lateinische Textgrammatik'. Man wird zwar auf die Probleme des jeweiligen Lektüretextes und des jeweils anstehenden Arbeitstextes hin die Abschnitte aus diesen Hilfsbüchern auswählen, die mit den Schülern bearbeitet werden. Aber

- der Bezug auf den Text ist doch locker (was allerdings auch den Vorteil haben kann, daß anschließend von den Schülern eine ‚Lerngewinnübertragung' bei der Lektüre oder der Klassenarbeit verlangt wird);
- Übung und Überprüfung des jeweiligen grammatischen Gebiets und seiner Beherrschung sind nicht immer zugleich auf das Textverstehen bezogen, sondern können sich auf das ‚Abfragen' des Wissens beschränken (dem kann durch Aufgaben wie etwa in ‚Interpretatio' etwas abgeholfen werden);
- der Zeitaufwand für die Bearbeitung der ausgewählten Kapitel in den Hilfsbüchern führt zur Verlangsamung der Lektüre oder, wenn diese vermieden werden soll, zur

[12] Vgl. als Beispiele auch die Gegenüberstellungen *Aeneis* 4,223–237 mit 4,259–295 und 4,296–330 mit 4,331–361 bei Verf.: Interpretationen und Unterrichtsvorschläge zu Vergils ‚Aeneis', Göttingen 1984 (Consilia. Lehrerkommentare H. 6), S. 64–75, bes. die Tafelbilder S. 66 und 72.

Vernachlässigung der Grammatikwiederholung;

- der affektive und emotionale Bereich wird vernachlässigt, weil die Grammatikwiederholung von den Inhalten des Textes wegführt, oft ein Eigenleben unabhängig von der Lektüre führt und – oft gerade in einer Altersphase besonderer Lernschwierigkeiten – zu trocken und als reiner Lernstoff wirkt.

(3) Es empfiehlt sich daher eine lektürebezogene Grammatikwiederholung, bei der Text und Grammatikstoff enger aufeinander bezogen werden als nur eben dadurch, daß der jeweilige Stoff unter anderem in dem Text vorkommt oder daß der Stoff grundsätzlich beherrscht werden sollte[13].

Man muß aus dem Text die Anregung zur Grammatikwiederholung gewinnen und den Schülern immer wieder einmal den Wert der Grammatik bzw. der Grammatikkenntnisse nicht nur für die Erschließung, sondern auch für die Interpretation der Texte vor Augen führen.

Die Textbeschreibungen zu den 30 Kapiteln des ‚Bellum Helveticum' zeigen den Wert textsyntaktischer Kenntnisse (vgl. oben Abschnitt 4). Bei der Texterschließung können auch die Schüler den Wert solcher Kenntnisse und Beobachtungstechniken erkennen. Gleichzeitig erkennen sie, daß die Beobachtung der Textsyntax und der Textsemantik ein wichtiger Interpretationsansatz ist: Wortfelder und den Text strukturierende syntaktische Erscheinungen zeigen ja Schwerpunkte, Aufbau und Verlauf eines Textes (vgl. z. B. die Beschreibung der Kapitel 4,7,15–20).

Aber auch die satzbezogen erklärbaren Erscheinungen der Grammatik sind ein Wirkmittel des Autors. So lassen viele freie Angaben – also solche Satzelemente, die nicht zur grammatikalischen Mindestausstattung eines Satzes gehören, sondern ohne Störung der Grammatikalität weggestrichen werden könnten – darauf schließen, daß der Autor oder der Sprecher besonders nachdrücklich oder umfassend einen Sachverhalt darstellt und an den Leser oder Hörer appellieren will. Entsprechend sind also Attribute und adverbiale Bestimmungen zu werten, wie etwa die §§ 1–2 in Kapitel 6 des ‚Bellum Helveticum' zeigen. Ähnlich verwendet Diviciacus in c. 20 sehr viele ‚freie Angaben' und wird dadurch als wortreich und flehentlich appellierend von Caesar charakterisiert, während Caesar sein eigenes Handeln (§§ 5–6) fast nur mit notwendigen Ergänzungen und ganz wenigen freien Angaben darstellt, wodurch er sich als sachbezogen und nüchtern handelnd hinstellt.

Die Verwendung vieler prädikativer Partizipien und Ablative mit Prädikativum zeigt, daß ein komplexer Geschehensablauf mit seinen vielen Details, Voraussetzungen und Begleitumständen insgesamt als Einheit dargestellt werden soll. Dies kann etwa 8,4 zeigen.

Die Verwendung vieler Adverbialsätze zeigt, daß dem Leser eine umfassende Reflexion vorgeführt werden soll (z. B. 19,1).

Die Verwendung vieler Attributsätze (z. B. 7,3; 13,2) ist wie die Verwendung vieler Attribute zu werten.

(4) Aus den Textverlaufsbeschreibungen gehen die jeweiligen grammatischen Schwerpunkte der einzelnen Kapitel des ‚Bellum Helveticum' hervor. Die folgende Übersicht möge zeigen, welche grammatischen Erscheinungen für bestimmte Kapitel besonders konstitutiv sind bzw. in ihnen besonders stark vertreten sind. Entsprechend können sie entweder vor der Lektüre dieser Kapitel wiederholt

[13] Vgl. zur lektürebezogenen Grammatikarbeit auch: H.-J. Glücklich/St. Reitzer: Die Hannibalbiographie des Nepos im Unterricht, Göttingen 1984 (Consilia. Lehrerkommentare H. 8), Abschnitt III: Grammatikwiederholung und Übung der Texterschließungsfähigkeit während der Lektüre; ferner die entsprechenden G-Aufgaben in der parallelen Textausgabe: Cornelius Nepos. Hannibal. Text mit Erläuterungen. Arbeitsaufträge, Begleittexte, Stilistik und Übungen zur Grammatik und Texterschließung von H.-J. Glücklich und St. Reitzer, Göttingen 1984 (Exempla. Lateinische Texte H. 8). Ferner: Verf.: Grammatik während der Lektüre, in: Der altsprachliche Unterricht XXVIII/3, 1985; darin bes. K.-H. Niemann: Erweiterung und Wiederholung von Grammatikkenntnissen bei der Caesar-Lektüre, a. a. O., S. 19–31.

werden, so daß die Texterschließung und die Interpretation des jeweiligen Kapitels der Anwendung des wiederholten und gelernten Grammatikstoffs dienen. Oder sie können bei der Texterschließung und der Interpretation des Kapitels in ihrem Aussagewert erkannt und anschließend zusammengefaßt und wiederholt gelernt werden, so daß dann ihre Kenntnis für ähnliche Kapitel zur Verfügung steht.

Kapitel	konstitutiver grammatischer Stoff
1	Genitivfunktionen *(partitivus, subiectivus, possessoris)* Ablativfunktionen *(instrumenti, separativus, sociativus, originis, loci)*
2	*quod*-Sätze Ablativfunktionen (Abl. + Prädikativum, temporal; *instrumenti/causae, separativus, sociativus, mensurae, instrumenti, originis, respectus;* Abl. als adverbiale Bestimmung (freie Angabe) und als Objekt bei *potiri* (notwendige Ergänzung) Superlativbildung Satzbau bei *persuadere* *ut*-Sätze Aussagesätze in indirekter Rede
3	prädikatives Partizip (Perfekt Passiv) Satzbau bei *persuadere* *-nd*-Fügungen Tempus in Erzähltexten (vgl. die Interpretation der Kapitel 7, 8 und 12) A.c.i. und Aussagesätze in der indirekten Rede
4	Tempus in Erzähltexten: Perfekt, Imperfekt Formen der Perfektbildung *ut*-Sätze *ne*-Sätze *quin*-Sätze
5	*ut*-Sätze Relativsätze
6	Steigerungsformen konjunktivische Relativsätze Ablativfunktionen *(instrumenti, mensurae, loci* ohne Präposition (bei *loco, locis*), *originis, qualitatis,* Abl. + Prädikativum, *temporis;* insbesondere die vielen *Abl. instrumenti* benötigen eine genaue Deutung, da sie hier stark von deutschen Vorstellungen abweichen)
7	Tempus in Erzähltexten: szenisches Präsens, Perfekt, Imperfekt, Plusquamperfekt A.c.i., auch in indirekter Rede *ut*-Sätze Temporalsätze *(cum, dum)*
8	Ablativfunktionen *(instrumenti, sociativus, originis, separativus,* Abl. + Prädikativum, *instrumenti/causae, instrumenti* – der als *loci* fehlgedeutet werden kann, *temporis)* Relativsätze Kondizionalsätze prädikatives Partizip

9	Tempora in Erzähltexten: szenisches Präsens, Imperfekt und Plusquamperfekt Ablativfunktionen: *instrumenti* in weitem Anwendungsbereich, Abl. + Prädikativum, *originis, separativus;* Abl. als freie Angabe und als notwendige Ergänzung (bei *impetrare)* *ut-* und *ne*-Sätze
10	A.c.i. Ablativ + Prädikativum
11	Tempora in Erzähltexten (Vorzeitigkeit, Etappen, Szenen) indirekte Rede (A.c.i.) *cum-* und *dum*-Sätze
12	prädikative Partizipien temporale *ubi-* und *cum*-Sätze Pronomina *(is* und Relativpronomen) *quod*-Sätze (Relativsatz und Kausalsatz)
13	A.c.i. in indirekter Rede Kondizionalsätze *cum-, ut-, quod*-Sätze
14	A.c.i. in indirekter Rede Pronomina in indirekter Rede *quod-* und *si*-Sätze
15	Relativsätze; relativischer Anschluß abhängige Fragesätze prädikatives Partizip
16	Tempus in Erzähltexten; historischer Infinitiv *quod*-Sätze und ihre Modi *cum*-Sätze und ihre Modi
17	indirekte Rede Gliedsatzgruppen (Subjekt-/Objektsätze, Adverbialsätze, Attributsätze) und die einzelnen Gliedsatzarten
18	indirekte Rede Pronomina Ablativfunktionen *(instrumenti,* Abl. + Prädikativum, *originis, loci, qualitatis, pretii, respectus, mensurae, auctoris;* Abl. als adverbiale Bestimmung und als Objekt bei *quaerere)* Genitivfunktionen *(subiectivus, obiectivus, partitivus, appositivus, possessoris)*
19	Ablativ + Prädikativum *quod*-Sätze Vergangenheitstempora Arten der Objektsätze (abh. Aussage-, abh. Wunsch-, abh. Fragesätze)
20	Pronomina in der indirekten Rede Gliedsatzgruppen und -arten *ut*-Sätze; abhängige Wunschsätze mit und ohne *ut,* mit *ne* relativische Objektsätze

21	indikativische und konjunktivische Relativsätze abhängige Fragesätze Tempora in Erzähltexten Ablativfunktionen
22	Gliedsätze *(cum-, ut-, ne-, nisi-,* Relativsätze mit *quod* und *quo)* Tempora in Erzähltexten Zeitenfolge (Gleich- und Vorzeitigkeit)
23	*quod-* und *cum*-Sätze und mögliche Signalwörter prädikatives Partizip, auch im A.c.i.
24	Tempora in Erzähltexten und in Temporalsätzen Prädikatives Partizip und Ablativ + Prädikativum
25	Einbettung durch Gliedsätze, Prädikativum und Ablativ + Prädikativum
26	*cum*-Sätze und ihre Modi Tempora in Erzähltexten
27	Prädikative Partizipien
28	Einbettung durch Gliedsätze, Prädikativum und Ablativ + Prädikativum
29	Relativsätze und relativischer Anschluß
30	Prädikatives Partizip und Ablativ + Prädikativum Final- und abhängige Wunschsätze (mit *ut* und *ne)* Pronomina bei innerlicher Abhängigkeit

1.12 Klassenarbeiten zur Caesarlektüre

Grundsätzlich setzen sich Klassenarbeiten aus einer Übersetzung und einer Interpretation zusammen. Die Abiturvorschriften schreiben in der Regel vor, daß die Übersetzung zwei Drittel der Note, die Interpretation – auch Textbearbeitung oder Zusatzfragen – ein Drittel der Note ausmacht[14]. Entsprechend sollte der Umfang von Übersetzung und Interpretation so bemessen werden, daß die Übersetzung zwei Drittel der Arbeitszeit, die Interpretation ein Drittel der Arbeitszeit verlangt. Dieses Verhältnis erreicht man in der Regel im Laufe der Oberstufe. In der Mittelstufe wird man dies nicht immer, zumindest nicht gleich bei Einsetzen der Lektüre erreichen. Auch wird man nicht wie in der Abitursarbeit vier Zeitstunden, sondern nur eine bis zwei Unterrichtsstunden ansetzen.

[14] Literaturzusammenstellung zu Klassenarbeiten im altsprachlichen Unterricht sowie ein Überblick über alle hier angesprochenen Fragen finden sich bei Rohrmann, L. (Hrsg.): Zur Leistungsmessung II, Der altsprachliche Unterricht XXVII/1, 1984.

Zur Übersetzungsaufgabe

Für die Gestaltung der Übersetzungsaufgabe könnten die folgenden Grundsätze gelten:

(1) Der Umfang soll in der Regel so bemessen sein, daß pro Zeitstunde nicht mehr als 60–90 Wörter zu übersetzen sind. Dies entspricht den Anforderungen an Abitursarbeiten. Gerade in der Mittelstufe werden oft viel umfangreichere Texte zur Bearbeitung gestellt, weil man dies von den syntaktisch leichten Arbeiten der Grammatikphase her gewöhnt ist. Die Forderung läuft darauf hinaus, daß bei einer Klassenarbeit, für die nur eine Schulstunde zur Verfügung steht, der Textumfang keinesfalls 60 Wörter übersteigen sollte und auch nur wenige Interpretationsfragen gestellt werden sollten. Damit ist bereits ein Hinweis für die Gestaltung der ersten Klassenarbeit oder der ersten Klassenarbeiten in der Lektürephase des Lateinunterrichts gegeben (vgl. 4).

(2) Der zur Bearbeitung gestellte Text soll möglichst in sich geschlossen, nicht durch Lücken unterbrochen und nicht zu voraussetzungsreich sein. Für das Verständnis notwendige inhaltliche Voraussetzungen müssen durch eine schriftliche Einleitung oder Kommentierung vermittelt werden.

(3) Einleitung oder Überschrift sollen zielgerecht auf das Verständnis des ersten Satzes des ausgewählten Textes hinführen. Gerade der erste Satz verlangt, daß der Schüler in den Textzusammenhang hineinfindet und bedarf daher besonders sorgfältiger Kommentierung oder Vorbereitung. Empfehlenswert ist es öfters, in der Einleitung die Kernworte des ersten Satzes auch lateinisch zu zitieren.

Beispiele: siehe die nachfolgend abgedruckten Klassenarbeiten.

Daß neben dieser Hilfe der Schüler textgrammatisch arbeiten können sollte, bleibt eine davon unberührte Forderung (vgl. unten zum Interpretationsteil).

(4) Für die ersten Arbeiten empfiehlt es sich, Texte auszusuchen, die inhaltlich an bereits Gelesenes anknüpfen, mit bereits gelesenen Texten vergleichbar sind oder in einigen inhaltlichen oder strukturellen Kennzeichen übereinstimmen oder wenigstens ähnliche grammatische Schwerpunkte haben wie einige nicht zu lange Zeit vorher gelesene Texte (Kapitel).

Beispiele: 5,6 schildert das Schicksal des Dumnorix und ist mit Teilen aus 1,18 vergleichbar, mit Caesars Verfahrensweise 1,20 kontrastierbar. – 1,18 enthält Konkretisierungen zum Inhalt von 1,17. – 1,18 und 7,4 enthalten Charakterisierungen von Gegnern Caesars, die mit 1,2 (–5) verglichen werden können. – 1,22,1 nimmt 1,21,2 wieder auf, beginnt also parallel zu der früheren Stelle, dann erhält das Kapitel eine andere Wendung. 1,24,4–5 stellt parallel, aber kürzer militärisches Verhalten der Helvetier im Gegensatz zu dem Caesars dar, das 1,24,1–3 geschildert wurde. – 1,6 enthält ähnliche Ortsbeschreibungen wie 1,2,3 und grammatische Erscheinungen, die in den vorigen Kapiteln mehrfach auftauchen (Superlative, *Ablativus mensurae*, *propterea quod*-Satz, A.c.i., insbesondere mit Infinitiv Futur, *ut*-Satz).

(5) Wenigstens bei den ersten Arbeiten können, ja sollen Kommentierungen in dem Umfang erfolgen, wie er beim Übersetzen im Unterricht üblich ist. Das kann im allgemeinen auf die Anzahl der Angaben eines Schulkommentars hinauslaufen. Auch wenn gering kommentierte Ausgaben benutzt werden, sind im übrigen wesentlich mehr mündliche Erläuterungen für den Unterricht prägend. Mündliche Erläuterungen verbieten sich aber bei einer Klassenarbeit, weil sie die Konzentration stören, nicht von allen aufgenommen werden und auch die Arbeitsdisziplin und deren Kontrolle gefährden. Man könnte sogar die benutzte, kommentierte Ausgabe der Klassenarbeit zugrundelegen, wenn nicht dadurch die Stelle bekannt und die Benutzung nicht zulässiger oder nicht zugelassener ‚Hilfsmittel' leichter gemacht würde.

Zum Interpretationsteil

Die Interpretation kann eine Auswahl von Fragen und Aufgaben nach dem Muster der Interpretationsgesichtspunkte (vgl. Abschnitt 1.8) enthalten. Diese Interpretationsgesichtspunkte entsprechen ja dem Gang der Texterschließung und enthalten alle notwendigen Schritte zur Erhellung eines Textes. Aus Gruppe 1 dieser Interpretationsgesichtspunkte wird man mehr, aus den Gruppen 2 und 3 weniger Aufgaben wählen; denn die Aufgaben aus Gruppe 1

- konzentrieren sich auf die sprachliche Beobachtung und Auswertung;
- berücksichtigen Elemente der Texterschließung (vgl. Abschnitte 1.3 und 1.4);
- können vom Schüler ständig geübt und mit der Zeit eigenverantwortlich angewendet werden;
- lassen vergleichbare Antworten und vergleichbare Wertungen zu.

Die Interpretationsaufgaben sollten mit solchen der Gruppe 1 beginnen, also mit Aufgaben zur textsemantischen und textsyntaktischen Beobachtung, zur Gliederung des Textes, zu sprachlichen Eigenarten. Diese Aufgaben und ihre Bearbeitung verhelfen dem Schüler oftmals zu besserem Textverständnis. Sie rufen entweder Erkenntnisse ab, die er bei der Texterschließung bereits gewinnen konnte, oder sie sind geradezu die Voraussetzung der Texterschließung. Diese Aufgaben könnten daher auch vor dem Text und der Aufforderung, ihn zu übersetzen, stehen. Eine ‚Doppelbestrafung' – weil der Text nicht verstanden ist, werde auch die Interpretationsfrage falsch oder gar nicht beantwortet – wird so eher eine ‚Doppelbelohnung' – weil die ersten Interpretationsfragen das Textverständnis kontrollieren, korrigieren oder leiten, wird der Text besser verstanden und übersetzt. Auch wenn die Interpretationsaufgaben gesammelt nach dem Übersetzungstext stehen, wissen dann die Schüler, daß sie sich erst einmal die ersten Interpretationsaufgaben anschauen sollten, bevor sie an die Übersetzung gehen. So wird außerdem auch in den Klassenarbeiten bewußtes Herangehen an die Erschließung und die Übersetzung von Texten geübt.

Andere Aufgaben

Außer den Interpretationsaufgaben der genannten Art (vgl. die Interpretationsgesichtspunkte in Abschnitt 1.8) könnten andere Aufgaben, insbesondere in der Mittelstufe, zum Textverständnis führen und die Übersetzung erleichtern, Aufgaben, die der vorangehenden Unterrichtsarbeit entsprechen müssen:

- Satzanalysen (vgl. z. B. unten zu *Gall.* 1,25);
- Satzabbildungen nach dem Einrücksystem (vgl. z. B. zu *Gall.* 1,5,2–3);
- Wortfeldsammlungen (vgl. z. B. zu *Gall.* 1,4 und 24);
- Bearbeitung grundlegender grammatischer Fragen, z. B. nach der semantischen Funktion vorkommender Ablativformen, nach den Arten der adverbialen Bestimmung (Adverb, Kasusform mit oder ohne Präposition, Adverbialsatz), nach *cum*- und *ut*-Sätzen o. ä. Solche Aufgaben sind aber zum Teil nur begleitend zur Übersetzung zu lösen.

Für die Mittelstufe weniger geeignet erscheint der Vergleich von Original und deutscher Übersetzung oder mehrerer Übersetzungen (wohl aber der Vergleich eines neuen Textes mit einem bereits gelesenen, vgl. oben zur Übersetzungsaufgabe Abschnitt (4)).

‚Typologie' der Klassenarbeiten

Entsprechend ließe sich die folgende kleine Typologie von Klassenarbeiten während der Caesarlektüre aufstellen:

(1) Übersetzung eines Textes mit Fragen zur Textauswertung und Interpretation
    a) Die Fragen stehen geschlossen nach dem Text.
    b) Einige Fragen stehen vor dem Text und leiten so deutlich die Texterschließung.
(2) Übersetzung eines Textes und Vergleich mit einem bereits bekannten Text.
(3) Übersetzung eines lateinischen Textes und Vergleich mit einem deutschen Begleittext

Beispiele

(1) Beispiel für eine zweistündige Klassenarbeit mit durchschnittlichen Anforderungen

Die Interpretationsaufgabe 1 kann auch vor den Text gesetzt werden. Die Interpretationsaufgabe 3 enthält bereits einen kleinen, anspruchslosen Textvergleich.

Die möglichen Auswanderungswege der Helvetier
(78 Wörter)

Caesar schildert die möglichen Wege *(iter, itineris n.),* auf denen die Helvetier auswandern (*exire*) könnten:

Erant omnino itinera duo, quibus itineribus domo exire possent: unum per Sequanos, angustum et difficile, inter montem Iuram et flumen Rhodanum, vix qua singuli carri ducerentur; mons autem altissimus impendebat, ut facile perpauci prohibere possent; alterum per provinciam nostram, multo facilius atque expeditius propterea, quod inter fines Helvetiorum et Allobrogum, qui nuper pacati erant, Rhodanus fluit isque nonnullis locis vado transitur. extremum oppidum Allobrogum est proximumque Helvetiorum finibus Genava. ex eo oppido pons ad Helvetios pertinet.

Vokabeln

(1) omnīnō: überhaupt, im ganzen
(4) vīx: *betont vorangestellt* • **singuli carri:** Wagen einzeln hintereinander.
(5) impendebat: beherrschte den Weg
(6) prohibēre: *sc.* Helvetios
(7) expeditus: bequem
(8) Allobroges: Allobroger • **pacare:** befrieden, zu einem Vertragsschluß bringen
(10) vadum: Furt
(12) Genava: Genf • **pertinēre ad:** hinüberführen zu

Fragen

(1) Um welchen Ablativ (welche Ablativfunktion) handelt es sich bei: (a) *itineribus* 1, (b) *multo* 7, (c) *ex eo oppido* 12?
(2) Warum drückt sich Caesar so, wie in Zeile 1, aus: *erant itinera ..., quibus itineribus?* (Beantworte die Frage durch Vergleich mit einer Dir bekannten Stelle.)
(3) Die Grenzen der Helvetier schilderte Caesar so: *una ex parte flumine Rheno latissimo atque altissimo ... altera ex parte monte Iura altissimo ... tertia lacu Lemanno et flumine Rhodano ...* (Kapitel 2).
Welches aus dieser Schilderung vertraute Mittel wendet er im Arbeitstext wieder an?

(2) Beispiel für eine längere Klassenarbeit mit Interpretationsfragen

Die Aufgaben 1–3 könnten auch vor dem abgedruckten Text stehen. Die angegebenen Bewertungseinheiten (BE) sind nur Vorschläge. Sie brauchen dem Schüler nicht vorher mitgeteilt zu werden, weil sonst die Gefahr besteht, daß er nicht in der sinnvollen Reihenfolge der Aufgaben vorgeht, sondern erst die Aufgaben mit den meisten Bewertungseinheiten bearbeiten will.
Aus den Interpretationsfragen können wenige ausgewählt werden.

Vercingetorix organisiert den gallischen Widerstand gegen die Römer (102 Wörter)
Die gallischen Stämme sind unterworfen, Caesar reist nach Oberitalien (seiner zweiten Provinz, die er als Prokonsul verwaltet). Dort muß er aufgrund innenpolitischer Unruhen ein weiteres Heer zusammenstellen. Die Stammesführer der Gallier rechnen mit längerer Abwesenheit Caesars und versuchen, eine Aufstandsbewegung in Gang zu setzen. Caesar schildert, was verschiedene Stammesführer unternehmen, und kommt dann auf den Stamm und das Gebiet der Arverner und den einflußreichen Vercingetorix zu sprechen. Dieser wird in Gergovia Führer der Widerstandsbewegung

Ibi Vercingetorix, Celtilli filius, Arvernus, summae potentiae adulescens, cuius pater principatum totius Galliae obtinuerat et ob eam causam, quod regnum adpetebat, a civitate erat interfectus, convocatis suis clientibus facile incendit. Cognito eius consilio ad arma concurritur. Prohibetur a Gobannitione, patruo suo, reliquisque principibus, qui hanc temptandam fortunam non existimabant. Expellitur ex oppido Gergovia. Non desistit tamen atque in agris habet dilectum egentium ac perditorum. Hac coacta manu, quoscumque adit ex civitate, ad suam sententiam perducit. Hortatur, ut communis libertatis causā arma capiant, magnisque coactis copiis adversarios suos, a quibus paulo ante erat eiectus, expellit ex civitate. Rex ab suis appellatur.

Vokabeln

(1) ibi *meint das Gebiet der Arverner* • **Celtillus:** *Eigenname*
(2) pater: *meint wieder Celtillus* • **principatus,**ūs: führende Stellung
(4) adpetere aliquid: nach etwas streben
(5) cliens,entis: Schutzbefohlener, Abhängiger • **facile** *ist Adverb* • **incendere,**cendi: den Brand entzünden *oder* schüren
(7) Gobannitio: *Eigenname* • **patruus:** Onkel *(väterlicherseits)*
(8) hanc *prädikativ svw.:* in dieser Weise
(10) desistere: aufhören
(11) dilectus,us: Aushebung • **egēns,**entis: ‚Hungerleider' • **perditus:** verworfen, ‚verkrachte Existenz'
(12) cōgere: zusammentreiben • **manus,**ūs: Schar, Haufe(n) • **quicumque:** alle, die • **adire:** aufsuchen
(13) perducere: hinführen
(15) adversarius: Gegner, Widersacher • **paulo ante:** kurz zuvor
(16) eicere,iēci,iectum: hinauswerfen, vertreiben.

Aufgaben

I. Übersetzung des lateinischen Textes unter Beachtung der Reihenfolge der Informationen, des deutschen Satzbaus und der deutschen Rechtschreibung und Zeichensetzung.

II. Beantwortung folgender Fragen bzw. Bearbeitung folgender Aufgaben.

1. Benenne das Tempus und die Funktion dieses Tempus im Textzusammenhang bei folgenden Verbformen in Satz 1 (Zeile 1–6):
(a) *obtinuerat.* – (b) *adpetebat.* – (c) *erat interfectus.* – (d) *incendit.* – (8 BE)
2. (a) Was bewirkt die Verwendung des Passivs *concurritur* Z. 6? (2 BE)
(b) Warum wird in Z. 7 *(prohibetur)* und Z. 9 *(expellitur)* das Passiv verwendet und nicht eine aktivische Formulierung gewählt (z. B. *Gobannitio eum prohibet)*? (3 BE)
3. Stelle Satz 1 *(ibi... incendit)* graphisch dar (Einrücksystem). (8 BE)
4. Nenne (wenigstens vier) Punkte, in denen Vercingetorix nach der Schilderung Caesars mit Dumnorix (1,3; 1,17–19) oder Orgetorix (1,2–4) übereinstimmt. Vermerke, ob es sich um eine totale Übereinstimmung handelt oder ob Caesar die Übereinstimmung mit Tricks konstruiert (nenne dann den ‚Trick'). (12 BE)

Muster für Aufgabe 4

Vercingetorix	Dumnorix oder Orgetorix	Kommentar
Zeilenangabe, lat. Text, deutsches Stichwort	Stellenangabe, lat. Text, deutsches Stichwort	völlige Übereinstimmung Übereinstimmung wird konstruiert, indem ...

5. (a) Welche Informationen lassen Vercingetorix als bedenkenlos und verwegen (als ‚Desperado') erscheinen? (2 BE)
(b) Welche Informationen lassen Vercingetorix als rücksichtslos und brutal erscheinen? (4 BE)

Zusatz:

6. Wo schildert Caesar Handlungen des Vercingetorix mit Ironie? (Ironie: Man drückt etwas anders aus, als es ist, zum Beispiel negative Handlungen positiv.)

2 Textverlaufsbeschreibungen und Interpretationen

Kapitel 1

Aus dem Beginn des Satzes 1 ergibt sich das Thema: *Gallia est omnis divisa in partes tres.* Es wird in einem Relativsatz weiter ausgeführt; *quarum* verweist auf *partes tres* zurück, *tres* wird in *unam – aliam – tertiam* aufgegliedert, Rhema des Relativsatzes sind die Bewohner; *incolunt,* dem Prädikat, werden drei Subjekte zugeordnet, wobei das dritte Subjekt zum Subjektsatz expandiert ist *(qui... appellantur);* in diesen Subjektsatz werden zwei Bezeichnungen eines Stammes konfrontiert: *Celtae – Galli;* mit *Galli* ist wieder der Ausgangspunkt *Gallia* erreicht, wiewohl man jetzt *Gallia* und *Galli* unterscheiden muß *(Gallia omnis:* Gesamtgallien; *Galli:* Südgallier).

Im § 2 werden die Teile und ihre Einwohner wieder zusammengefaßt: *hi omnes;* neues Rhema ist... *inter se differunt:* die Unterschiede in Sprache und staatlicher Organisation.

Im § 2/2. Hälfte finden sich wieder die drei Volksnamen, Rhema ist jetzt die Trennung durch Flüsse, wie sich an *ab, dividit* und den Flußnamen zeigt. Das Thema *partes* wird also wieder aufgenommen.

§ 3 geht wieder von der Gesamtheit der drei Völker aus: *horum omnium.* Sie sind jetzt Genitiv-Attribut zu *fortissimi.* Die Belger werden aus ihnen herausgehoben (Superlativ). Neues Rhema ist die Tapferkeit. Die Heraushebung wird in einem langen Kausalsatz begründet. Die Begründung teilt sich in drei Abschnitte, deren erster relativ kurz *(... absunt),* deren zweiter schon länger (zweigliedrig *...commeant atque... important,* mit Ob-

Tafelbild zu Bellum Gallicum 1,1

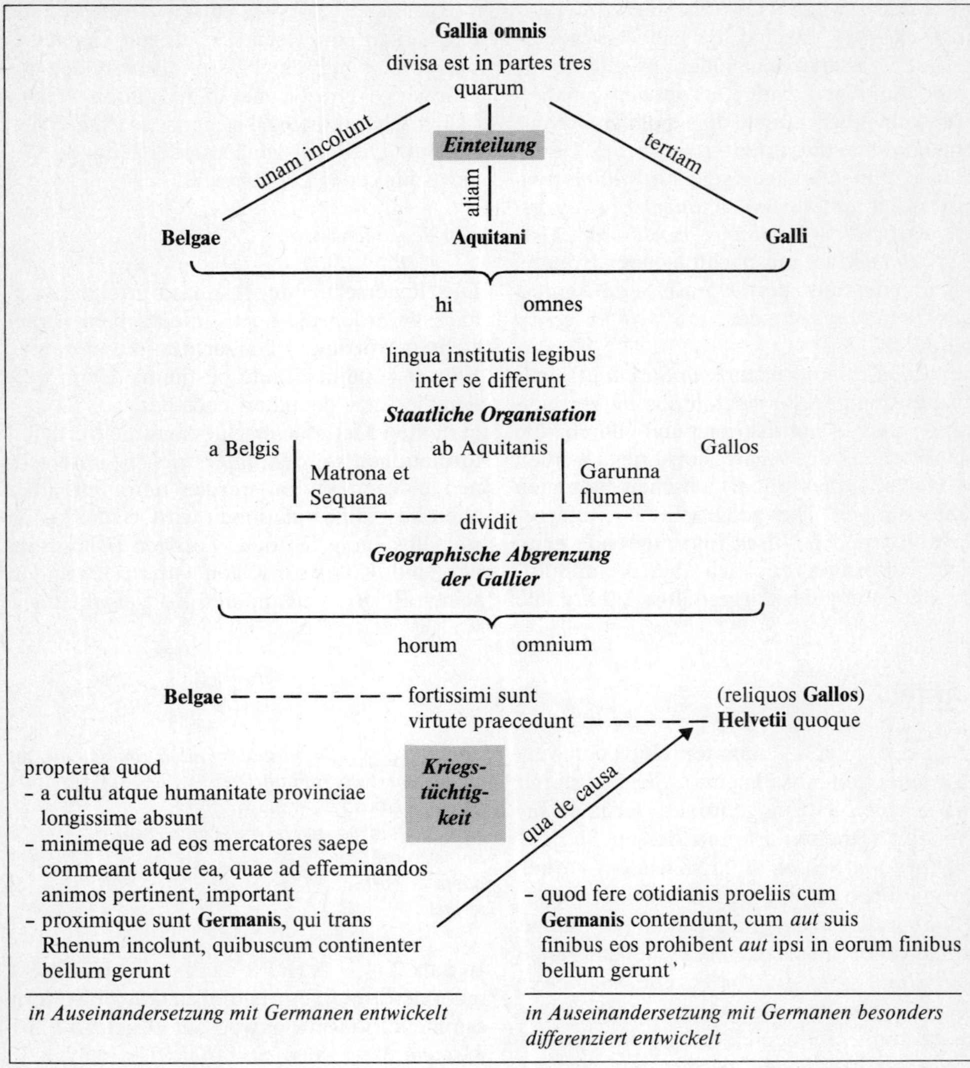

jektsatz *ea, quae...*) und deren dritter besonders lang ist (zwei Attributsätze zum Dativobjekt *Germanis*). Das Rhema ‚Tapferkeit' wird in ihm in vielfältigen Teilaspekten in Gegensätzen und Parallelen aufgenommen:
a cultu atque humanitate provinciae... abesse,
ea, quae ad effeminandos animos pertinent, importare,
Germanis..., quibuscum continenter bellum gerunt.

Die herkömmliche Auffassung von Tapferkeit erscheint, die in der Nähe des Urtümlichen, Barbarischen angesiedelt wird. (Später wird Caesar an den Römern eine andere Art der Tapferkeit zeigen, die durchaus mit Zivilisation verträglich ist.)

In § 4 wird mit dem relativischen Anschluß *qua de causa* und mit *quoque* eine Parallelisierung der Gründe und der Helvetier mit den Belgern und ihren Gründen vorgenommen.

Wieder geht es um die Tapferkeit *(virtute praecedunt)*, wieder um eine Hervorhebung *(prae, ceteros)*, diesmal der Helvetier gegenüber den anderen Südgalliern (Kelten); der Grund, am Anfang mit Rückverweis genannt, wird dann noch einmal in einem *quod*-Satz aufgenommen und erläutert, wobei eine Steigerung zum vorangegangenen *quibuscum*-Satz erfolgt: *quibuscum continenter bellum gerunt* wird zu *fere cotidianis proeliis cum Germanis contendunt* mit nachfolgender Erläuterung im *cum*-Satz, der Defensiv- und Aggressionskrieg unterscheidet und *bellum gerere* wiederholt.
Durch den erläuternden *cum*-Satz mit seiner Aufsplitterung des Kriegführens in Verteidigungs- und Angriffskrieg und durch die Schlußstellung des Aggressionskriegs werden die Helvetier aus allen gallischen Stämmen herausgehoben. Das geographisch, kulturgeschichtlich und politisch informierende erste Kapitel informiert zugleich über die militärische Bedeutung der dargestellten Völker, die nicht nur in der Antike mit der politischen verbunden ist. Bereits im Einleitungskapitel hat Caesar somit seine künftigen Gegner in der Vorstellung seiner Leser als besonders gefährlich gekennzeichnet und als ihren wesentlichen Charakterzug kriegerische Aggression gezeigt. Dies soll zunächst der leitende Gesichtspunkt der Lektüre sein.

Zur Texterschließung

Die Texterschließung kann so erfolgen: Zunächst werden die oben im einzelnen dargestellten Wortfelder beobachtet, die einzelnen Wörter gesammelt und bestimmt. Dann werden die Sätze detailliert nach der zu c. 25 dargestellten Methode erschlossen (die Verbalinformationen werden unterstrichen, unterordnende Konnektoren werden umrahmt, über allen Verbalinformationen wird vermerkt, ob sie selbständig [S] oder bezogen [B] formuliert sind, Kolon für Kolon wird in sich und in seinen Bezügen zu anderen Kola erarbeitet).

Kapitel 2

Die in c. 1 zuletzt genannten Helvetier werden wieder genannt (Thema). Sie sind durch *apud* in einen Satz eingeordnet, der neue Information (Rhema) ist und dessen Subjekt *Orgetorix* am Schluß steht, nachdem vorher Informationen zu ihm gegeben worden sind, die ihn aus der am Anfang genannten Menge der Helvetier mehrfach herausheben: ***longe** nobil**issimus**... et dit**issimus.*** Die Satzbewegung geht also von der Menge, vom Volksganzen, zum einzelnen Herausgehobenen. An dem Herausgehobenen werden zunächst die Größe der Herkunft (des Standes) und des Vermögens betont. Die Verweisformen und Umschreibungen sowie die Personen- und Numerusverteilung in den nächsten Sätzen zeigen, daß nun weiter von der Einzelperson und von der Großgruppe berichtet wird und daß jeweils eine Information der Sätze nach dem Doppelpunkt weiter ausgeführt wird:

***Is**... fec**it** et **civitati** persuas**it**, ut (de finibus) **suis**... exirent:*
perfacile esse, cum virtute omnibus praestarent, totius Galliae imperio potiri
*Id hoc facilius **eis** persuas**it**, quod...*
*undique loci natura **Helvetii** contin**entur:***
una ex parte
altera ex parte
tertia...

In Satz 2 (§ 1, 2. Hälfte) kann man die Informationen zu Orgetorix und zu den Helvetiern sammeln: *is* (Rückverweis auf Orgetorix), *M. Messala M. Pisone consulibus* (Zeitangabe), *regni cupiditate inductus* (Prädikativum, auf *coniurationem fecit* bezogen, zeitlich-sachliche Voraussetzung nennend, also kausal auflösbar), *coniurationem nobilitatis fecit* (Haupt[satz]information) *et civitati persuasit* (gleichgeordnete Haupt[satz]information, deren Zusammenhang mit der vorigen noch inhaltlich ungeklärt bleibt), *ut... exirent* (Inhalt, Ziel des Überredens), *-nt* (auf *Helvetii* bezogen, die vorher im Kollektivbegriff *civitati* erwähnt wurden), *de finibus suis* (auf *-nt*

Tafelbild zu Bellum Gallicum 1, 2

Die Auswanderungsgründe der Helvetier	
von Orgetorix ausgehend	*von den Helvetiern ausgehend*
longe nobilissimus fuit et ditissimus Orgetorix	qui in longitudinem milia passuum CCXL, in latitudinem CLXXX patebant
Abstammung und Reichtum	**Größe des helvetischen Gebiets**
regni cupiditate inductus	pro multitudine hominum et pro gloria belli atque fortitudinis angustos se fines habere arbitrabantur
Machtbegierde	**Machtbegierde Selbstüberschätzung**
	homines bellandi cupidi magno dolore adficiebantur
coniurationem nobilitatis fecit	**Kriegsbegierde**
Adelsverschwörung zum Machtkartell	
civitati persuasit, ut de finibus suis cum omnibus copiis exirent	id hoc facilius eis persuasit,
	quod undique ... continentur
Volksverhetzung	Leichte **Verhetzbarkeit**
	his rebus fiebat,
perfacile esse, cum virtute omnibus praestarent,	ut et minus late vagarentur
Appell an Kriegsruhm	**Behinderung des Imperialismus**
totius Galliae imperio potiri	et minus facile finitimis bellum inferre possent
Appell an/Aufforderung zum Imperialismus	**Behinderung kriegerischer Bewährung**
Außensicht ‚Orgetorix, das Produkt seines Volkes‘ ‚Wie der Herr,	*Innensicht* ‚Die Helvetier, die rechte Masse für Machtpläne‘ so's Gescherr‘

bezogen, Angabe des Ausgangspunkts des Auswanderns), *cum omnibus copiis* (Angabe im Ablativus sociativus).
Am Schluß, nachdem die Schuld oder die Ursache auf eine Einzelperson zurückgeführt worden ist, konzentriert sich Caesar ganz auf die Schilderung des seelischen Zustandes und der Haltung der Helvetier. Er trägt Dinge nach, die vor § 1 *(is...)* hätten stehen können, weil sie Dauerzustände sind bzw. als solche dargestellt werden.
Caesar trägt sie aber nach, weil so (1) Orgetorix zusammenhängend als der Urheber oder Auslöser geschildert werden konnte und sich (2) eine Bewegung Helvetier – Orgetorix – Helvetier ergibt und gezeigt werden kann, wie sich persönlicher Machttrieb und Adelsverschwörung zu einer Volksbewegung ausweiten, weil die äußeren Umstände sie fördern, und wie ein Agitator die innere Haltung anspricht und für seine Zwecke nutzt.
Der objektive Grund erscheint gleichsam versteckt. Am Anfang des Kapitels steht die Überredung durch Orgetorix, der machtpolitische Pläne hat. Am Ende steht der kriegerische und sich selbst überschätzende Volkscharakter der Helvetier, der durch die objektiv erscheinende Angabe der Größe des helvetischen Gebiets sogleich als solcher gebrandmarkt wird. In der Mitte werden objektive

Gründe für den Auswanderungsplan nur als Verstärker der Überredung durch Orgetorix erwähnt.

Zur Texterschließung

Die Texterschließung kann zunächst den ersten Satz linear (vgl. zu c. 1 und zu c. 25) erschließen. Dann können weitere Informationen zu Orgetorix gesammelt werden (Umschalten auf Textsemantik); begleitend zur Nennung dieser Informationen können Satz für Satz die Verweise und der Satzbau geklärt werden. Von § 3 an werden dann Informationen zu den Helvetiern und zur *natura loci* gesammelt, nachdem die Verlagerung des thematischen Schwerpunkts festgestellt ist; dabei wird wie vorher verfahren und der Satzbau geklärt.

Kapitel 3

C. 3 beginnt mit dem umschreibenden Verweis *his rebus,* der alle in c. 2 genannten Umstände meinen kann und erst durch die Information *adducti* und die Gleichsetzung dieses Gesamtausdrucks mit *et auctoritate Orgetorigis permoti* eingrenzbar wird: *auctoritate Orgetorigis permoti* meint die 2, 1–2 mitgeteilten Überredungsaktivitäten des Orgetorix, *his rebus* also wohl die 2, 3–5 genannten äußeren geographischen und inneren psychisch-charakterlichen Gründe für den Auswanderungsplan, wobei durch den vagen Anschluß *his rebus* auch eher ein Bezug nur auf die psychisch-charakterlichen Gründe möglich wird, die am Schluß von c. 2 dargestellt wurden. Als Konsequenz aus der Überredung des Orgetorix (deren Ursache ja eine Adelsverschwörung, ein Machtkomplott, ist) und aus der kriegerischen Anmaßung der Helvetier wird zuerst genannt:
constituerunt ea, quae ad proficiscendum pertinerent, comparare.
Daran werden weitere Beschlüsse angereiht, die zunächst den allgemeinen Ausdruck *quae*

Tafelbild zu Bellum Gallicum 1, 3

Helvetier	Orgetorix	
his rebus adducti et auctoritate Orgetorigis permoti constituerunt:		
ea, quae ad proficiscendum pertinerent, comparare	persuadet Castico, ut regnum occuparet,	
iumentorum ... numerum coemere	Dumnorigi, ut idem conaretur, eique	filiam dat
sementes ... facere, ut in itinere copia frumenti suppeteret,		
cum proximis civitatibus pacem et amicitiam confirmare	sibi legationem ad civitates suscepit	probat perfacile esse conata perficere, quod ipse suae civitatis imperium obtenturus esset totius Galliae plurimum Helvetii possent
ad eas res conficiendas biennium ... satis ... duxerunt		
in tertium annum profectionem lege confirmant ad eas res conficiendas	deligitur	confirmat se suis copiis suoque exercitu illis regna conciliaturum

Eigenmächtigkeit des Orgetorix, die mit seinen Herrschaftsplänen und mit den Zielen der Auswanderung übereinstimmt

ad proficiscendum pertinerent, comparare zu konkretisieren scheinen, sich aber am Schluß verschieben und politische Maßnahmen nennen:

ea, quae ad proficiscendum pertinerent, comparare,
iumentorum et carrorum quam maximum numerum coemere,
sementes quam maximas facere,
ut in itinere copia frumenti suppeteret (Ziel),
cum proximis civitatibus pacem et amicitiam confirmare.

Im nächsten Satz (§ 2) wird der Inhalt der bisher genannten Beschlüsse durch *ad eas res conficiendas* wieder aufgenommen und als Zielangabe *(ad...)* in die Mitteilung eines weiteren Beschlusses eingeordnet, der als Überzeugung *(duxerunt)* von der notwendigen Zeit zur Ausführung *(biennium sibi satis esse)* dargestellt wird. Daran schließen sich eine weitere Zeitangabe, die Wiederaufnahme des Begriffs Auswanderung/Abmarsch und ein weiterer Ausdruck für eine gesetzliche Festlegung, einen Beschluß, an:

adducti / permoti	*constituerunt*	*... confirmare*
(ad eas res conficiendas)		
biennium	*duxerunt*	*sibis satis esse*
in tertium annum	*lege confirmant*	*profectionem.*

Noch einmal wird der Inhalt der Beschlüsse genannt (jetzt um die in *duxerunt* und *lege confirmant* genannten erweitert) und erneut als Zielangabe in die Mitteilung eines Versammlungsbeschlusses eingeordnet: *ad eas res conficiendas Orgetorix deligitur.*
Durch die Verwendung des Passivs kommt Orgetorix nicht nur wieder ins Blickfeld, sondern wird – als Subjekt – wieder in den Vordergrund gerückt. Gleichzeitig zeigt auch der Tempuswechsel, daß jetzt eine Nahaufnahme des Orgetorix erfolgt.

Zur Texterschließung

Die Texterschließung kann erfolgen, indem alle Informationen zu den Helvetiern und zu Orgetorix gesammelt und dabei die Sätze gegliedert und im einzelnen grammatisch besprochen werden.

Kapitel 4

C. 4 verweist am Beginn auf das Machtkomplott des Orgetorix zurück und bringt als neue Information dessen Offenbarwerden bei den Helvetiern. Caesar sagt ‚Helvetier' und läßt offen, welche Institution der Helvetier informiert wird. Auch wer informiert, sagt er nicht, sondern verwendet das Passiv. Im folgenden Satz findet man Helvetier und Orgetorix zusammen, die Helvetier als reagierendes Subjekt mit einem Prädikat im Akkusativ, Orgetorix als Objekt; am Satzanfang steht *moribus suis,* damit die Üblichkeit dieser Reaktion gezeigt wird.
Der Text ist durch die Tempora gegliedert: Die einzelnen Etappen der Erzählung werden im narrativen Perfekt mitgeteilt: *ea res est enuntiata... coegerunt... Orgetorix coegit ... conduxit... se eripuit... mortuus est.*
Dazwischen und am Ende stehen Hintergrundsschilderungen und Kommentierungen: *poenam sequi oportebat* (Imperfekt), *quorum magnum numerum habebat* (Imperfekt),
neque abest suspicio... (Praesens).
Alle Informationen sind jedoch semantisch oder durch Konnektoren miteinander verbunden:
§ 1 *ea res:* Rückverweis auf c. 3; *per indicium est enuntiata:* Anzeige, neue Information (Rhema); dieser Gerichtsbegriff setzt sich fort in *causam dicere, damnatum, poenam sequi (,ut igni cremaretur), causae dictionis; ne causam diceret; ius suum exsequi; (ipse sibi mortem consciverit,* vgl. *igni cremaretur).*
Im zweiten Teil des Kapitels:
quorum... eodem... per eos... ob eam rem.

Eine Folie kann z. B. das Gerichtsvokabular durch rote Unterstreichungen festhalten. Dann kann diese Folie durch zwei andere ersetzt werden, die den Text ingesamt festhalten, wobei das Gerichtsvokabular im Overlay-

Tafelbild zu Bellum Gallicum 1, 4

	Ereignis/Person/Sache		Gerichtsverfahren/Strafe	
1	*ea res*	est enuntiata	per indicium	
	Anzeige			
2	*Helvetii*	coegerunt	ex vinculis causam dicere	
	Gefangennahme und Prozeßvorbereitung		damnatum poenam sequi igni cremaretur	oportebat, ut **drohende Strafe**
			(die constituta) causae dictionis	
3	*Orgetorix*	omnem suam familiam		
		coegit ad	iudicium	
		clientes conduxit	per eos ne causam diceret	
		se eripuit		
	unrechtliche gewaltsame Ausschaltung des Gerichts			
4	*civitas*	ob eam rem incitata		
		conaretur	ius suum exsequi	
	magistratus multitudinem cogerent			
	Vorbereitungen zur gewaltsamen Durchsetzung des Rechts			
5	*Orgetorix*	mortuus est		
		consciverit	ipse sibi mortem	neque abest suspicio, quin
	Tod/Selbstmord des Orgetorix			**Mögliche Selbstbestrafung**

5 Etappen, jeweils durch Subjektwechsel gekennzeichnet
Gewalt des Orgetorix fordert Gewalt der Helvetier heraus
Selbstbestrafung des Orgetorix entspricht der Strafe, ist aber nicht so grausam

verfahren in den restlichen Text eingereiht wird. Hebt man diese Folie weg, entstehen im restlichen Text Lücken, die der Schüler um das Gerichtsvokabular ergänzen kann. Vorher zeigt man ihm nur die weggehobene Folie, die nur das Gerichtsvokabular enthält, läßt ihn mit diesen Ausdrücken den Zusammenhang erzählen, kurze textähnlich Sätze bilden, Gruppen von Ausdrücken zusammenstellen und schließlich das Vokabular lernen.[15]

Zur Texterschließung

Die einzelnen Sätze werden durchgegangen, auf den Tempusgebrauch und auf Wortfelder untersucht. Die Verweisformen werden jeweils gedeutet.

[15] Vielfältige Anregungen zur Wortschatzarbeit finden sich bei Hilbert, K.: Feldbezogene Wortschatzarbeit auf der Oberstufe, in: Der altsprachliche Unterricht XVII/5, 1974, S. 17–29 und Meusel, H.: Zur Wortschatzarbeit bei der Ovidlektüre, in: Römisch, E. (Hrsg.): Metamorphosen Ovids im Unterricht, Heidelberg 1976, S. 136–152; vgl. ders.: Zur Arbeit am lateinischen Wortschatz, in: Der altsprachliche Unterricht XXII/2, 1979, S. 19–29.

Kapitel 5

In c. 5 wird zunächst an den Inhalt des Kapitels 4 angeschlossen *(post eius mortem)*, dann aber der Inhalt von c. 3 wieder aufgenommen: *id, quod constituerant* (vgl. 3,1: *constituerunt); facere conantur* (vgl. 3,5: *conari* der Führer im Machtkomplott); *ut e finibus suis exeant* (vgl. 3,2: *profectionem lege confirmant,* 2,1: *ut... exirent).*

Der Gegensatz, daß nach dem Tod des Orgetorix eigentlich auch der von ihm ausgegangene und initiierte Auswanderungsplan hinfällig sein müßte, er aber nun sich verselbständigt hat und in den Helvetiern auch ohne Orgetorix wirkt, wird durch *nihilo minus* ausgedrückt. Das ist alles, was Caesar dazu sagt. Die überraschende Entwicklung von der anfänglichen Autorität des Orgetorix über seine Eigenmächtigkeit bis hin zum Gerichtsverfahren und zum Tod kommentiert er nicht, macht er nicht zum Gegenstand schriftlicher Reflexion, wohl weil auch der Leser nicht darüber nachdenken soll; denn sonst käme dieser vielleicht zu dem Ergebnis, daß die von Caesar nur versteckt und subsidiär genannten Auswanderungsgründe (c. 2,3) wesentlich und entscheidend sind. Statt dessen drückt Caesar dreimal den Auswanderungsplan aus und stößt den Leser nachdrücklich auf diesen statt auf seine Gründe: *id, (1) quod constituerant, (2) facere conantur, (3) ut e finibus suis exeant.*

Caesar verwendet zur Schilderung das Präsens (wobei vorzeitige Gliedsätze im Plusquamperfekt verbleiben), und zwar durchgehend im ganzen Kapitel, ein Zeichen, daß er mit einer dramatischen Gestaltung den Leser mitreißen und von anderen Gedanken abhalten oder ablenken will.

Die Schilderung teilt sich in zwei große Sätze (§§ 2–3 und 4). Der erste enthält drei Hauptsatzinformationen (*... incendunt... comburunt... iubent*). Sie sind asyndetisch parallel aneinander gereiht, simulieren sprachlich viele, schnell aneinander anschließende Aktionen und vermitteln den Eindruck umfassender Aktivität.

Durch Feststellen der unterordnenden Konnektoren (die der Schüler am besten einrahmt) und der Verbalinformationen (die der Schüler am besten unterstreicht und mit B als bezogen, mit S als selbständig formuliert kennzeichnet)[16] kann die Struktur des Satzes erkannt und sodann in einer Satzabbildung nach der Einrückmethode dargestellt werden:

Satzabbildung zu Bellum Gallicum 1,5,2–3

GS_1	ubi iam [se ad eam rem paratos esse] arbitrati sunt,
HS	oppida sua omnia, numero ad duodecim, vicos ad quadringentos, reliqua privata aedificia incendunt, frumentum omne praeter,
GS_1	quod secum portaturi erant,
HS	comburunt,
GS_1	ut [domum reditionis spe sublata] paratiores [ad omnia pericula subeunda] essent,
HS	trium mensum molita cibaria sibi quemque domo efferre iubent.

[16] Vgl. unten zu c. 25. Zur ‚Einrückmethode' vgl. Steinthal, H.: Graphische Zeichen zur Verdeutlichung des lateinischen Periodenbaus, in: Anregung 16, 1970, S. 376–383; aufgenommen von Verf.: Lateinunterricht. Didaktik und Methodik, Göttingen 1978, S. 71 f. und in der in Anm. 4 genannten Caesar-Ausgabe im Arbeitskommentar, S. 10 unter 14 Z 1.

Inhaltlich kann der Satz sodann in seinen einzelnen Kola erschlossen und, wo das geht, an den Inhalt des Kapitels 3 angeschlossen werden. Was nicht an diesen angeschlossen werden kann, ist entscheidend neu:
ubi . . . arbitrati sunt: ad eam rem paratos esse bezeichnet das Ergebnis der 3,2 dargestellten Planung *ad eas res conficiendas; ubi arbitrati sunt* bezeichnet den Fortschritt ihrer Einschätzung gegenüber *duxerunt* (3,2).
oppida . . . incendunt bringt völlig Neues. Die Objekte hängen dabei semantisch zusammen *(oppida, vicos, privata aedificia)* und erfassen alle Arten von Ansiedlungen, die Attribute *omnia* und *reliqua* sowie die Zahlenangaben verstärken den Eindruck der Totalität.
frumentum . . . essent: Mit *frumentum* und *. . . secum portaturi erant* wird aus 3,1 *ut in itinere copia frumenti suppeteret* wieder aufgenommen, aber in den neuen Zusammenhang des Zerstörens, des Verbrennens und der Totalität gestellt: *frumentum* ***omne*** (vgl. vorher *omnia, reliqua) . . .* ***com****burunt* (vgl. vorher *incendunt)*. Die Menge des Getreides soll also tatsächlich nur auf dem Marsch reichen. Der *ut*-Satz nennt das Ziel dieser Zerstörungsmaßnahmen und gibt mit *domum reditionis* den Gegensatz zu *profectio* (3,2) und zu *ut e finibus suis exeant* (5,1) an: Jede Hoffnung auf Rückkehr soll entfernt werden, und die Helvetier sollen mehr bereit sein, alle Gefahren auf sich zu nehmen.
trium . . . iubent: Erneut wird das Sachgebiet ‚Getreide'/‚Nahrung' aufgenommen, *molita cibaria* nimmt *frumentum* auf und nennt nun das verfertigte Produkt; *sibi quemque domo efferre* nimmt *quod secum portaturi* auf und nennt nun den einzelnen Träger der Verpflegungsration, neu ist nur die Zeitangabe im Genitiv-Attribut, die nun die Menge, die vorher in *praeter quod . . . portaturi erant* eingeschränkt wurde, auf einen Vorrat für drei Monate eingrenzt.

Der zweite Satz (§ 4) enthält zwei Hauptsatzinformationen und ist, was die Prädikate und Völkernamen angeht, chiastisch gebaut:

persuadent	*Boiosque qui*
Rauracis et Tulingis et	*. . . erant . . . erant . . .*
Latobrigis finitimis	*-bant,*
ut . . . proficiscantur	*adsciscunt.*

Die Struktur des Satzes kann wieder erschlossen werden durch Feststellen der Konnektoren und Verbalinformationen und durch die Überlegung, ob sie bezogen oder selbständig formuliert sind[17]:
Danach erfolgt wieder eine Satzabbildung nach dem Einrücksystem:

Satzabbildung zu Bellum Gallicum 1,5,4

HS persuadent Rauracis et Tulingis et Latobrigis finitimis,
GS 1 uti [eodem usi consilio] [oppidis suis vicisque exustis] una cum his proficiscantur,
HS Boiosque,
GS 1 qui trans Rhenum incoluerant et in agrum Noricum transierant Noreiamque oppugnabant,
HS [receptos ad se] socios sibi adsciscunt.

Der Inhalt kann wieder durch Vergleich mit c. 3 und mit dem in c. 5 Vorausgegangenen erschlossen werden:
persuadent . . . finitimis: Die Helvetier übernehmen das Überredungsverfahren des Orgetorix (3,4–6) und weiten so ihren Auswanderungsplan, der ursprünglich nur ihnen selbst galt, und ihr diplomatisches Ziel, den Durch-

[17] Vgl. unten zu c. 25.

zug durch fremde Gebiete zu sichern *(cum proximis civitatibus ... confirmare,* 3,1), zu einem ihre Macht demonstrierenden, von Gegenwehr von vornherein abschreckenden Unternehmen aus.
uti ... proficiscantur: Der Inhalt, das Ziel der Überredung, gleicht den Aktionen der Helvetier:

oppidis suis vicisque exustis: vgl. *oppida ... vicos incendunt* 5,2).
proficiscantur: vgl. ... *exirent* (5,1); *profectionem* (3,2).

Hinweise zur Texterschließung sind in der Verlaufsdarstellung enthalten.

Kapitel 6

Das 6. Kapitel enthält bis auf einen Satz in § 4a, der im szenischen Präsens steht *(omnibus rebus ... dicunt ... conveniant)* und an *adsciscunt* aus c. 5 Ende anschließen könnte, nur Hintergrundinformationen im Imperfekt oder im beschreibenden Präsens. Thema des Kapitels sind die Auswanderungswege und am Schluß der Aufbruchstermin.

Das Thema ‚Weg' wird am Anfang durch Wiederholung nachdrücklich im Gedächtnis der Leser verankert *(itinera ..., quibus itineribus).* Daß die Auswanderungswege gemeint sind, zeigt *domo exire possent,* das *ut e finibus suis exeant* (5,1) wieder aufnimmt. Untrennbar wird mit dem Thema ‚Weg' gleich auch die Beschränktheit der Möglichkeiten verbunden: *omnino ... duo ... possent* (Konjunktiv): *unum ... alterum ...* Damit wird gleich eine gewisse Zwangslage angedeutet.
Der erste Weg wird im § 1 ausführlich besprochen, der zweite noch ausführlicher in den §§ 2–3.
Die Schilderung der ersten Möglichkeit enthält folgende Angaben und Darstellungsmittel: Volk, das den Weg beherrscht *(per Sequanos);* Schwierigkeit *(angustum et difficile);* Lage *(inter montem Iuram et flumen Rhodanum);* erneute, nun konkrete Darstellung seiner Schwierigkeit *(vix qua singuli carri ducerentur);* eine Besonderheit der Lage *(mons autem altissimus impendebat);* noch eine besonders große Gefahr des Weges *(ut facile perpauci prohibere possent).*
Die Mischung von ethnisch-geographischen Angaben und Wertungen des Schwierigkeitsgrades (mit immer größeren Schwierigkeiten) macht dem Leser nachdrücklich deutlich, daß das einzige, was für diesen Weg sprechen könnte, seine Lage im Gebiet der verbündeten Sequaner ist, daß aber offenbar diesem Verbündeten wenig zu trauen ist und die Transportschwierigkeiten zu groß sind, der Weg also überhaupt nicht in Frage kommt. Dieser Eindruck wird unterstützt von der betonten Voranstellung von *vix,* dem Superlativ *altissimus* und der doppelten Betonung, wie leicht es mögliche Gegner haben: *facile perpauci;* am Schluß des Abschnitts steht wirkungsvoll eine *p*-Alliteration ***p**erpauci **p**rohibere **p**ossent.*

Anders die zweite Möglichkeit: Hier bringt Caesar zu Beginn das einzige Argument, das die Helvetier abhalten könnte: *per provinciam nostram* überträgt auf den Leser Angstgefühle und weckt sein Schutzbedürfnis. Erst recht tun dies die vielen Argumente, die für diesen Weg sprechen, und die Pläne der Helvetier, wie sie eventuelle Schwierigkeiten beseitigen wollen. Ähnlich ist Caesar bereits in c. 2,3 verfahren, wo einzig die Grenze des helvetischen Gebiets zur römischen Provinz zu Übertritten einzuladen schien.
Der zweite Weg ist viel leichter und bequemer *(multo facilius atque expeditius).* Der Grenzfluß zu den Allobrogern hat mehrere Furten. Bei Genf führt sogar eine Brücke über den Fluß. Die Stadt wird durch ein starkes Polyptoton *(um um um um orum)* klanglich in den Vordergrund gerückt. Dem Polyptoton zuliebe steht wohl auch *est* bereits nach *Allobrogum* an einer besonders unbetonten Stelle statt nach *proximumque* oder *Genava,* gleichzeitig kann so *Genava* am Satzende stehen und mit dem Satzanfang *extremum oppidum* konkurrieren, mit dem es ohnehin gleichbedeutend ist. Die Allobroger, ein erst kurz mit den Rö-

mern vertraglich verbundener Stamm, sollen entweder überredet oder gezwungen werden, den Durchmarsch zuzulassen.

Caesar, der noch immer nicht gesagt hat, wohin die Helvetier letztlich ziehen wollen – vielleicht wissen sie das selbst nicht –, kann auf jeden Fall fast aus jedem Schritt der Helvetier eine politische Konsequenz befürchten: Störung neuen Besitzes oder neuer Verbündeter, neue Unruhe durch Wiederaufbrechen von Römerfeindlichkeit – oder bei Vertragstreue der Allobroger Störung durch kriegerische Gewalt der Helvetier. So kann Caesar zeigen, daß die Rhone Treffpunkt für den Marsch wird (§ 4), und fügt dann an, welchen Termin die Helvetier für ihr Treffen bestimmen.

Für die Hoffnung der Helvetier, die Allobroger zu überreden, gibt Caesar eine Begründung, für ihre Absicht, Gewalt anzuwenden, nicht. Gewalt braucht keine Begründung – wenn sie Feinden unterstellt wird –, sie ist die Alternative, wenn Argumentationen nicht ziehen und Interessen stärker sind als Rücksichten.

Wie am Anfang der Weg wird am Schluß des Kapitels der Tag durch Wiederholung dem Leser nachdrücklich vor Augen geführt: *diem, qua die ... is dies*. Da Caesar stringent

Tafelbild zu Bellum Gallicum 1, 6

Die beiden Wege für die Auswanderung

unum § 1	**alterum § 2**
per Sequanos angustum et difficile	per provinciam nostram multo facilius atque expeditius
inter montem Iuram et flumen Rhodanum	propterea quod inter fines Helvetiorum et Allobrogum
Geographie	**politische Geographie**
vix qua singuli carri ducerentur	qui nuper pacati erant
schwieriger Weg	**politische Lage** < für Helvetier günstig / für Römer riskant
mons autem altissimus impendebat	Rhodanus fluit
Berg	**Fluß**
et facile perpauci prohibere possent *leicht abzuwehren*	isque nonnullis locis vado transitur *leicht zu überqueren*
	§§ 3–4 Variation dieser Ausführungen: extremum oppidum Genava *Stadt als besonders markanter Punkt* pons ad Helvetios pertinet *Leichtigkeit durch Brücke* Allobrogibus vel persuasuros existimabant *Politische Lage ermöglicht Durchzug* quod nondum bono animo in populum Romanum viderentur
	politische Lage < *für Helvetier günstig* / *für Römer riskant*
	vel vi coacturos, ut per suos fines eos ire paterentur *leicht zu überwinden*

argumentiert und die Helvetier als kalt mit Alternativen planend erscheinen, macht die gesamte Marschvorbereitung den unheimlichen Eindruck einer präzis abrollenden Planung. Daher wirkt die dreifache Betonung des Abmarschtages am Schluß des Kapitels nachgerade angsterregend – wie gebannt soll der Leser auf diesen Tag starren.
Das *Tafelbild* kann die Charakteristiken der einzelnen Wege nebeneinanderstellen und zeigen, was bei dem zweiten Weg die neue Information ist.

Zur Texterschließung

Nach Feststellung des Themas des ersten Satzes können die Informationen zu den beiden Wegen gesammelt und dabei grammatische Einzelklärungen Satz für Satz vorgenommen werden.

Kapitel 7

Der gesamte Ablauf des Kapitels 7 vollzieht sich in drei Abschnitten: Caesars Aktion (§§ 1–2), die Reaktion der Helvetier (§ 3), die Reaktion Caesars (§§ 4–6). Der dritte Teil ist etwas länger als die etwa gleich langen Abschnitte 1 und 2.
§ 1 nimmt das Thema von 6,2–4 wieder auf: *id ...*, erläutert in *eos per provinciam nostram iter facere conari.* Der Paragraph ordnet aber das Thema in die neue Information ein, daß Caesar dies erfährt. Caesars Name steht beherrschend am Anfang des Kapitels und markiert einen Neueinsatz. Nach der allgemeinen Darstellung des c. 1 und nach der Vorgeschichte in den Kapiteln 2–6 beginnt jetzt die Darstellung von Caesars Tätigkeit als Prokonsul. Über die Zeitverhältnisse gibt die Übersicht S. 97, 98 Auskunft.
Caesars Tätigkeit ist durch zwei Wortfelder charakterisiert: ‚Eile'/‚Schnelligkeit' und ‚Befehlen'/‚Quantität'. Eile: *maturat proficisci, quam maximis potest itineribus, contendit, pervenit.* Befehlen/Quantität: *quam maximis potest itineribus,* (provinciae) *toti, quam maximum potest, militum numerum imperat – iubet.*
Eine eingeschaltete Erläuterung im Imperfekt *(erat omnino in Gallia ulteriore legio una)* trägt zusätzlich zum Auswanderungsplan der Helvetier dazu bei, die Lage als prekär und Caesars Eingreifen als Rettung in letzter Minute erscheinen zu lassen. Offenbar hatte da die römische Provinzverwaltung vorher geschlafen.
Die Verbindung der Caesarischen Maßnahmen mit der Mitteilung, er erfahre von den helvetischen Plänen, verdeckt den zeitlichen Sprung, den Caesar in seiner Darstellung macht. Daß sich die Helvetier und ihre Verbündeten an der Rhone treffen wollten, wurde 6,3 Ende als Teil des Berichts mitgeteilt *(dicunt).* Dieser Beschluß wurde im Jahre 60 gefällt. In einer Erklärung trug Caesar den genauen Termin nach: 28. März 58 (c. 6,4). Nun, in c. 7, ist Caesar Provinzstatthalter, und erst jetzt will er von dem geplanten Marschweg der Helvetier erfahren haben. Vielleicht interessiert ihn dieser erst jetzt, als er darin eine Chance sieht, sich politisch weiter zu profilieren, ganz im Sinne von Sallust, der über Caesar *(Catilinae coniuratio* 54,4) schreibt: *sibi magnum imperium, exercitum, bellum novom exoptabat, ubi virtus enitescere posset*[18].
Am Ende des Kapitels 6 wird die rückblickende Erläuterung zum akuten, bedrohlichen Ereignis. Am Beginn des Kapitels 7 löst die Nachricht einen Ablauf schneller Aktionen aus, so daß man nicht auf die zeitliche Lücke

[18] Auch Wimmel, W.: Caesar und die Helvetier, in: Rheinisches Museum für Philologie, N. F. CXXIII/2, 1983, S. 126–137 stellt fest, daß Caesar den Anlaß zum Kampf gegen die Helvetier in einer mehrstufigen Aktion selbst geschaffen hat und dies in den Kapiteln 7,8,10 und 14 offen darlegt (S. 127). Aus „Indizien aus Caesars Text" und durch Vergleich mit anderen Berichten, z. B. über Caesars lusitanischen Krieg 61/60 v. Chr., möchte er schließen, daß Caesar in Verhandlungen mit den Helvetiern, die er geheimhielt, diesen zunächst von Rom aus signalisierte, er werde einen Auswanderungszug im Jahr 58 nicht behindern, dann aber wegen innenpolitischer Probleme schnelle außenpolitische Erfolge und daher den Kampf mit den Helvetiern suchte.

zwischen Ereignis und Nachricht davon achtet, sondern aus der in c. 6 geschürten Angst heraus die Abwehrmaßnahmen wissen will.
In § 3 wechselt die Darstellung zu den Helvetiern. Sie reagieren und schicken Gesandte. Caesar scheint hier wieder von Detailinformationen überzuquellen. Er erwähnt nicht nur, daß die Helvetier Gesandte schicken, sondern daß es die Angesehensten aus ihrem Volk sind. Kann man darin noch eine Hervorhebung sehen, wie wichtig ihre Angelegenheit ist, so stört die nächste Information, die er mit *cuius legationis* einleitet und so sehr umständlich auf *legatos* zurückbezieht: die Namen der Gesandtschaftsführer werden genannt. Danach ist das Beziehungsgefüge so unklar geworden, daß man *qui dicerent* auf jeden und alles beziehen kann: auf die zuletzt genannten Gesandtschaftsführer, auf die zuerst genannten Gesandten insgesamt oder auf das dazwischen erwähnte gesamte Volk (auch wenn *civitas* feminin und Singular ist). Der Konjunktiv im *qui*-Satz changiert entsprechend zwischen konsekutivem Sinn (bei unkorrektem, aber nicht ganz auszuschließendem Bezug auf *civitatis)* und finalem Sinn (bei korrektem Bezug auf *legatos* oder auf *Nammeius et Verucloetius)*.
Daß Caesar seinen Lesern nahelegt, den *qui*-Satz auf das gesamte Volk – also auf *civitatis* – zu beziehen, zeigt auch die Verwendung des Reflexivpronomens *sibi.* Sind die Gesandten oder ihre Führer Subjekt, so würde sich *sibi* streng genommen nur auf sie beziehen. Bei Bezug auf die Helvetier wäre *Helvetiis* deutlicher gewesen *(qui dicerent Helvetiis esse in animo sine ullo maleficio iter per provinciam facere)*. Die von Caesar gewählte Formulierung kann zwar voraussetzen, daß Gesandte für ihr Volk bzw. dessen Regierung sprechen, sie ist aber doch nachlässig oder bewußt unklar und dadurch falsch auslegbar gemacht.
Was die Gesandten sagen (sollen) – die Helvetier wollten ohne Vergehen durch die römische Provinz ziehen –, ist an sich unwahrscheinlich, weil bei jedem Durchzug eines Volkes durch fremdes Gebiet zumindest Flurschäden und Mundraub zu befürchten sind. Caesar bringt aber gleich ein Kriterium in Erinnerung, das die Gesandten der Unkorrektheit überführt: *quod aliud iter haberent nullum* (mit Betonung von *aliud* am Anfang und *nullum* am Schluß). Einen anderen Weg haben die Helvetier schon, wie c. 6,1 gezeigt hat. Er ist nur sehr schwierig und nicht ohne totale Unterstützung der Sequaner zu bewältigen.
Die Helvetier schließen mit der formalisierten Bitte *rogare, ut eius voluntate id sibi facere liceret.* Sie ist formalisiert und betont in dem Konjunktiv *(lice)**at*** den Vorgang des Bittens, in *voluntate* und ***lice**(at)* den Vorgang des Erlaubens zweimal.
Im dritten Abschnitt zeigt Caesar, wie er reagiert. Er zeigt dies in zwei Abschnitten: §§ 4–5 und – mit *tamen* entgegengesetzt – § 6. In der ersten Hälfte steht am Anfang wieder der Name *Caesar,* dann wird in einem Kausalsatz aus der Vergangenheit ein Grund genannt, warum Caesar dem Ersuchen der Helvetier nicht stattgibt. Caesar gestaltet den Kausalsatz so, daß er erst die Nachwirkung des Grundes in der Gegenwart nennt – *memoria tenebat* – und dann den Grund selbst in zwei A.c.i., dessen zweiter zwei Infinitive hat. Dabei läßt er die Kopula *esse* weg, so daß sich ein Homoioptoton mit vielen nachdrücklichen *um*-Endungen ergibt, die sich – da er das Prädikat vorangestellt hat – sofort im Hauptsatz in *concedendum* fortsetzen können: *Lucium Cassium consulem occisum exercitumque eius ab Helvetiis pulsum et sub iugum missum, concedendum* (non putabat). So nachdrücklich belehrt und gewarnt, akzeptiert der Leser auch den angefügten Grund für die Zukunft. Hier erwähnt Caesar zuerst die feindliche Gesinnung der Helvetier *(homines inimico animo),* die er in 6,3 bereits angedeutet hat. Dann setzt er einmal die Erlaubnis voraus und wiederholt dabei den Inhalt der helvetischen Bitte: *data facultate per provinciam itineris faciundi.* Dann zeigt er, was die Folge wäre bzw. was er nicht glaubt: *(neque ...) temperaturos ab iniuria et maleficio existimabat.* Damit widerlegt er vor dem Leser die gegenteilige Versicherung der Helvetier aus § 3, die dort schon durch die Art der Formulierung und den Zusammenhang unwahrscheinlich gemacht worden war. Die Argumentation mit Vergangenem macht Caesars Einschätzung

Tafelbild zu Bellum Gallicum 1, 7

Caesar und die Helvetier – Aktionen und Reaktionen

Caesari	Helvetii	Caesar
cum id nuntiatum esset (eos per provinciam nostram iter facere conari)		
maturat ... proficisci	ubi de eius adventu certiores facti sunt	
et ... contendit		
et ... pervenit	legatos ad eum mittunt, qui ... dicerent	tamen, ut spatium intercedere posset,
provinciae ... imperat		dum milites convenirent
pontem ... iubet rescindi		Gründe aus
		Vergangenheit / *Zukunft*
	sibi esse in animo	quod memoria tenebat / neque existimabat
	sine ullo maleficio	occisum ... pulsum ... missum / temperaturos ab iniuria
	iter per provinciam facere	data facultate per provinciam itineris faciundi
	propterea quod aliud iter haberent nullum	
	rogare, ut eius voluntate	respondit diem ... sumpturum reverterentur
	id sibi facere liceret	concedendum non putabat

der Zukunft einsichtig. Die doppelte Begründung aus Vergangenheit und Zukunft macht Caesars Entscheidung akzeptabel.
Die herangezogene Erbfeindtheorie ist zwar anfechtbar. Da man aber auf beiden Seiten keinen Ansatz, sie zu überwinden, sehen kann, wird sie von Caesar ebenso zu Recht bemüht, wie in c. 13, 4–7 die Überzeugung von der helvetischen Kriegsüberlegenheit durch Divico.
Der zweite Abschnitt des dritten Teils geht erneut auf die Forderungen der Helvetier ein. Diesmal berichtet er nicht Caesars Überlegungen, die nur dem Leser gelten (Imperfektformen *tenebat, putabat, existimabat)*, sondern Caesars Handlungen und die damit verbundenen Absichten *(ut-, dum-*Satz, Perfektform *respondit,* davon abhängig ein A.c.i. und, ihm angeschlossen, ein Wunschsatz in indirekter Rede). Die Zuordnung der Informationen aus den drei Teilen des Kapitels zeigt das vorgeschlagene Tafelbild.

Zur Texterschließung

Die Texterschließung kann zunächst die drei Teile des Kapitels anhand der eingangs vorkommenden Personennamen und Zeitangaben *(cum-*Satz § 1, *ubi-*Satz § 3) feststellen und entsprechende Rubriken des Tafelbildes anlegen (bzw. der Folie aufdecken). Dann könnte der erste Teil linear erschlossen werden. Die einzelnen Informationen können in die erste Spalte des Tafelbildes eingetragen und grammatisch und inhaltlich geklärt werden. Danach kann man eine Übersetzung verlangen. (Statt Eintragung in die erste Spalte des Tafelbildes ist nach und nach Aufdeckung der ersten Spalte im Folienbild möglich.) Der zweite Teil kann dann ebenfalls linear erschlossen werden. Die Wiederaufnahmen aus dem ersten Abschnitt und die vielen neuen Informationen (Aussagen und Bitten der Helvetier) werden dabei herausgearbeitet und entsprechend in die zweite Spalte des Tafelbildes eingetragen (aus der zweiten Spalte des Folienbildes aufgedeckt). Der dritte Teil wird dann ebenfalls linear erarbeitet, wobei besondere Aufmerksamkeit der Tempusverwendung und den Konnektoren (außer den Gliedsatzeinleitungen auch *tamen,* § 6) gelegt werden muß. Die Bezüge zur Bitte der Helvetier werden herausgearbeitet, entsprechend wird die dritte Spalte des Tafelbildes ausgefüllt. Nach grammatischen und inhaltlichen Klärungen kann übersetzt werden.

Kapitel 8

Das achte Kapitel erzählt Aktionen und wird an drei Stellen von der Mitteilung von Absichten und Gedanken unterbrochen (§ 2: *quo facilius, si ... conarentur, prohibere possit;* § 3: *si vim facere conentur, prohibiturum ostendit;* § 4: *si perrumpere possent (,conati).*
Die erste Hälfte (§§ 1–2) schildert, was Caesar in der durch die ausweichende Antwort gewonnenen Zwischenzeit unternimmt *(interea),* die zweite Hälfte schildert seine endgültige Antwort und die darauf folgenden Aktionen der Helvetier bis zur Aufgabe des Versuchs, durch die römische Provinz zu marschieren.
Entsprechend kann das Kapitel durch Feststellung der Hauptaktionen (die in den Hauptsatzprädikaten geschildert sind) und der Begleitaktionen (die in Gliedsatzprädikaten und Partizipien geschildert sind) und durch Feststellung der Zeitangaben und der handelnden Personen erschlossen werden. Ein Teil dieser Erschließungsarbeit kann auch in einem Tafelbild festgehalten (bzw. auf einer Folie eingetragen und im Unterricht aufgedeckt) werden.
Für die §§ 1–3 lohnt sich auch eine Satzabbildung nach dem Einrücksystem, für § 4 eine Erschließung nach dem Muster von c. 25 (vgl. S. 84, 85) oder nach der Art, wie im Begleitkommentar zur Caesarausgabe des Verfassers gezeigt[19] und im folgenden ausführlich zitiert:

[19] Vgl. in der in Anm. 4 genannten Caesar-Ausgabe den Arbeitskommentar S. 5.

Tafelbild zu Bellum Gallicum 1, 8

Caesar stoppt die Helvetier diplomatisch und militärisch

Zeitangabe	Aktion	Ziele/Voraussetzungen
1 interea	murum perducit	
2 eo opere perfecto	disponit communit	quo facilius ... prohibere possit
3 ubi ea dies venit	et legati reverterunt,	
	negat se posse iter dare	
	et prohibiturum ostendit	si vim facere conentur
4 ea spe deiecti	... iunctis ... factis conati repulsi destiterunt	 si perrumpere possent

„*Zu § 4:* Der Satz fällt durch besonders viele Partizipialausdrücke auf. Einen solchen „Partizipialstil" verwendet C. besonders dann, wenn er viele einzelne Ereignisse zu einem größeren einheitlichen Vorgang zusammenfassen will.
Eine partizipiale Einbettung ordnet eine Information einer anderen (übergeordneten) zu, ohne daß dabei ausgedrückt wird, welches der inhaltliche Bezug ist (kausal, konzessiv usw.). Die deutsche Art zu denken und zu sprechen erlaubt diese Art der Zuordnung nur selten, sondern macht den inhaltlichen Bezug durch Konjunktionen (weil, obwohl usw.) oder durch Adverbien (daher, trotzdem usw.) eindeutig. Um lateinische Sätze mit vielen partizipialen Einbettungen zu verstehen und im Deutschen angemessen wiederzugeben, sind also mehrere Arbeitsschritte notwendig:
A. Feststellung der einzelnen Verbalinformationen (mit zugehörigen Satzgliedern) und deutsche Inhaltsangabe – B. Erschließen der inhaltlichen Bezüge, die zwischen den einzelnen Verbalinformationen bestehen. Dabei ist zu berücksichtigen, a) was was sie mitteilen, b) ob sie eingebettet oder selbständig sind, c) wie sie aufeinander folgen (eingebettet ist eine Verbalinformation normalerweise in die nächstfolgende Verbalinformation auf der gleichen Satzebene; eine unterordnende Konjunktion ist Signal dafür, daß diese V. noch nicht folgt). Die Grenzen der einzelnen Verbalinformationen in § 4: HELVETII ea spe deiecti / navibus iunctis ratibusque ... factis / alii vadis Rhodani, qua ... erat, ... conati / operis munitione ... repulsi /hoc conatu destiterunt.
(Man tut gut daran, derartige Partizipialausdrücke gleich beim Lesen optisch abzugrenzen; bei wachsender Übung wird das eine gute Lesehilfe.) Besonders zu beachten ist hier: *navibus iunctis ratibusque- ... factis* bildet eine Parallele zu der adverbialen Bestimmung *vadis Rhodani ...*; zu *alii* (vor *vadis)* läßt sich daher ein erstes *alii* vor *navibus* hinzudenken.

Übersetzungsbeispiel:

Die Helvetier sahen sich in dieser Hoffnung getäuscht; sie banden *daher* Boote zusammen und bauten mehrere Flöße, gingen zum Teil auch an die seichten Stellen der Rhone, wo die Flußtiefe sehr gering war, und versuchten *so* manchmal bei Tag, öfters bei Nacht durchzubrechen; *aber* unsere Befestigungsbauten, die Attacke unserer Soldaten und der Geschoßhagel warfen sie zurück; *daher* gaben sie ihren Versuch auf."

Viele sprachliche und stilistische Beobachtungen können den Charakter des Kapitels und der Schilderung Caesars herauszuarbeiten helfen: Die Erweiterung jeden nominalen Satzglieds in § 1 durch (drei) Attributsätze oder Genitiv- und adverbiale Attribute *(fossamque* muß mit *murum* als Einheit gesehen werden, so daß für beide Wörter dieselben Attribute gelten) macht aus der Mitteilung vom Mauerbau eine präzise Darstellung und vermittelt entsprechend den Eindruck eines umfassend organisierten strategischen Unternehmens. Den Mauerbau selbst muß man sich als Verbindung natürlicher Hindernisse durch künstliche vorstellen, aber er bleibt dennoch ein Beispiel blendender militärischer Arbeitsorganisation. –
Die asyndetische Reihung in § 2 setzt die Aktionen des § 1 fort und stellt an den Schluß die damit verbundene Absicht, so daß sie als Wirkung erscheint (motivschildernde Finalsätze stehen eher voran, weil sie der Handlung Vorausgehendes darstellen). Damit gewinnt Caesar einen durchgehenden Ablauf von vielen Aktionen, die alle auf *-it* enden und an deren Ende, mit einer weiteren *-it*-Form endend, ihre Bedrohlichkeit für die Helvetier steht. –
In § 3 wird durch eine umständliche, übergenaue Gestaltung des *cum*-Satzes, vor allem durch die Wörter *legati ad eum,* die ohne Sinnstörung hätten wegfallen können, das Lesetempo verlangsamt und die Aufmerksamkeit auf Caesars Antwort konzentriert. Der Bericht über diese Antwort ist chiastisch gestaltet. Im ersten Teil steht das Prädikat vorne: Caesar sagt nein *(negat),* begründet dies mit gefestigten und zur Norm gewordenen Verhaltensweisen und Musterentscheidungen des römischen Volkes *(more et exemplo populi Romani)* und nennt dann noch einmal den Inhalt der – nunmehr abgeschlagenen – Bitte, jedoch generalisiert: *iter **ulli** per provinicam dare.* Hier verschanzt sich Caesar also hinter früheren Entscheidungen Roms und sagt, es könne keine Ausnahme geben. Im zweiten Teil steht das Prädikat am Schluß: Caesar nimmt zunächst einmal an, die Helvetier wollten Gewalt anwenden *(si vim facere conentur),* kündigt dafür Gegenmaßnahmen an *(prohibiturum),* berichtet, daß er dies den

Helvetiern deutlich macht *(ostendit)*. Hier zeigt Caesar kurz, aber nachdrücklich seine Entschlossenheit, die Absage auch durchzusetzen. Er steht – in den Prädikaten – am Anfang und am Ende der Antwort und beherrscht sowohl die Argumentation mit der römischen Norm als auch die Demonstration der Verteidigungsbereitschaft. –
Der § 4 bringt in einem durch viele Prädikativa facettenreichen Ablauf das konkrete Beispiel zur unmittelbar davorstehenden Aussage *et si vim facere conentur, prohibiturum ostendit.* Inkonzinnitäten in der Formulierung *(navibus ... factis* und *alii ... erat* entsprechen sich trotz abweichender syntaktischer Struktur und fehlendem ersten *alii)* bilden die mannigfachen Versuche der Helvetier ab, gegen Caesars Willen ihr Vorhaben durchzusetzen. Die Abwehr erfolgt hingegen systematisch und wird auch systematisch, geordnet in parallelen Formulierungen dargestellt. Bollwerke wehren ab, Soldaten hindern sie vor den Bollwerken, Geschosse wirken in die Ferne. Die Helvetier geben dieses Vorhaben auf.

Hinweise zur Texterschließung sind in der obigen Verlaufsbeschreibung enthalten.

Kapitel 9

Die Kapitel 9–12 behandeln den Versuch der Helvetier, auf dem anderen der beiden Wege, die in c. 6 geschildert wurden, die Auswanderung zu versuchen. Das Kapitel 9 zeigt die Vorbereitungen. Es enthält zum großen Teil Hintergrundschilderungen im Imperfekt. Nur § 2 und § 4 sind Erzähletappen im szenischen Präsens (§ 2: *mittunt,* § 4: *suscipit, impetrat, perficit)*. Alles andere sind Erläuterungen Caesars.
Im § 1 wird im Imperfekt das Ergebnis der Kapitel 3–8 als Hintergrund und Ausgangslage geschildert: *relinquebatur una per Sequanos via. Una* kennzeichnet die seit 6,1 *(erant omnino itinera duo)* von Caesar bewirkte Reduktion. Caesar schließt einen Attributsatz an, der aus 6,1 *ut facile perpauci prohibere possent* wieder aufnimmt und konkretisiert: *qua Sequanis invitis propter angustias ire non poterant.*
§ 2 zeigt, daß der zweite Teil des § 1 keine allgemeine, generelle Äußerung ist, sondern den konkreten Fall schildert: Die Sequaner müssen erst zur Zustimmung bewegt werden. Der erste Teil des Satzes nimmt Begriffe aus dem Vorigen auf: *his = Sequanis, sua = -nt* (die Helvetier); die neue Information ist: die Helvetier können die Sequaner nicht aus eigener Kraft überreden; das ist der Grund *(cum ...),* warum sie Dumnorix um Vermittlung bitten. Warum die Helvetier die Sequaner nicht selbst „überreden" können, was *sua sponte* hier konkret meint (Geld, Einfluß, kriegerisches Ansehen), sagt Caesar nicht. Wahrscheinlich ist einfach gemeint, daß jemand dasein muß, der den Weg zum Herzen, zum Gemüt der sequanischen Führer finden muß. Gewalt nützt ja in diesem Fall nichts, weil die Engpässe den Sequanern einen unüberwindlichen Vorteil bieten.
Kapitel 10 wird zeigen, daß es trotz aller Planungen und Vorbereitungen nicht zur Ausführung des Marsches kommt. Kapitel 9 bietet aber Caesar die Möglichkeit, lang vorbereitet Dumnorix als gefährlichen Machtfaktor zu erweisen. Daß Caesar dies beabsichtigt, dafür spricht in c. 9 die Wiederholung des Namens *Dumnorix* am Anfang des § 3 und die grammatikalisch unvollständige Formulierung in § 2: *ut eo deprecatore a Sequanis impetrarent:* Wozu die Helvetier die Sequaner nicht überreden können *(persuadere non possent),* mußte bereits aus dem Zusammenhang mit § 1 *(via, qua ... ire)* geschlossen werden, bei *persuadere* ließ sich aber das Fehlen eines Objekts sowohl aus der Nähe zum vorigen Satz als auch von der Wortbedeutung her tolerieren. Bei *impetrarent* ist nun der Fortfall des Objekts hart. Dadurch wird aber der Zusammenhang Helvetier – Dumnorix – Sequaner auch vom Satzbau her eng.
Dumnorix wird in ähnlichen Kategorien wie in c. 3 und wie Orgetorix in c. 2 geschildert (s. Tabelle auf S. 37 oben).

Dumnorix	**Orgetorix**
gratia et largitione apud Sequanos plurimum poterat	nobilissimus et ditissimus apud Helvetios longe
Helvetiis erat amicus, quod ... duxerat	*Vgl. 3, 5–6*
cupiditate regni adductus novis rebus studebat	2,1 regni cupiditate inductus coniurationem nobilitatis fecit
quam plurimas civitates ... habere obstrictas volebat	*Vgl. 3, 3–5*
itaque rem suscipit	3,3 is sibi legationem ad civitates suscepit

Wieder erwächst daraus ein für Römer gefährlich erscheinendes Bündnis – ähnlich wie 3,8.
Caesar formuliert die beiden Aktivitäten des Dumnorix bei diesem Vertrag chiastisch:

itaque rem suscipit
et a Sequanis impetrat — *obsidesque uti ... dent*
ut ... patiantur — *perficit.*

Die für Römer unakzeptable Verbindung von Zugeständnis und Geiselstellung steht eng zusammen. Am Anfang und am Ende wird die Aktivität des gefährlichen Dumnorix genannt. Die an sich logische Konsequenz, daß sich die Helvetier an die Sequaner wenden, wird zu einem machtpolitischen Schachzug des Dumnorix *(cupiditate regni adductus)*.

Erstaunlicher ist der Inhalt des Vertrags, den Caesar mitteilt: Zwischen Sequanern und Helvetiern ist offenbar ein Vertrag der Art möglich, wie ihn die Helvetier mit den Römern anstrebten (7,3): Die einen erlauben den Durchmarsch, die anderen versprechen, Übergriffe zu vermeiden. Man vergleiche den Inhalt des Vertrags mit den Sequanern *sine maleficio et iniuria transeant* (9,4) mit dem helvetischen Angebot an die Römer *sine ullo maleficio iter per provinciam facere* (7,3) und Caesars Meinung *neque ... temperaturos ab iniuria et maleficio (existimabat,* 7,5). Wäre das zwischen Römern und Helvetiern nicht möglich gewesen? Man muß sich die Unterschiede zwischen den Römern und den Sequanern klarmachen:

Römer	**Sequaner**
7,4 schlechte Erfahrungen mit den Helvetiern in der Vergangenheit	––––––
7,3 Zu den Römern schicken die Helvetier keinen bei ihnen beliebten Vermittler, sondern kommen selbst bzw. schicken helvetische Gesandte.	9,2; 9,4 Zu den Sequanern schicken die Helvetier einen haeduischen, bei ihnen beliebten Vermittler.
7,3 Sie lassen sich von Caesar auf ‚Lügen' ertappen *(quod aliud iter haberent nullum)*.	Was sie bei Caesar sagten, trifft nach dessen Absage nun gegenüber den Sequanern tatsächlich zu.

Daß die Helvetier bei den Römern nichts erreichten, hat also vorrangig psychologische Gründe: Angst vor den Helvetiern, Ressentiments, Vermeidung jeden Risikos. Und auf diese psychologischen Vorbehalte kann Caesar bei seiner Darstellung setzen. Die politischen Gründe Caesars, das Ersuchen der Helvetier abzulehnen (c. 7), können darüber in c. 9 in Vergessenheit geraten. Erst in c. 28,4 wird ein staatspolitischer und sicherungspolitischer Grund genannt: *noluit eum locum, unde Helvetii discesserant, vacare, ne propter bonitatem agrorum Germani, qui trans Rhenum incolunt, suis finibus in Helvetiorum fines transirent et finitimi Galliae provinciae Allobrogibusque essent.* Hier sind alle vorzeigbaren Motive zusammengefaßt: Die Helvetier sind gegenüber den Germanen die leichter beherrschbaren Nachbarn und die einfacher zu bekämpfenden Gegner, germanische Nachbarn würden mit Römern und Allobrogern ähnlich in täglichen Auseinandersetzungen liegen, wie dies in c. 1 von Belgern und Helvetiern gesagt wurde; und schließlich wird hier sogar behauptet, das Ackerland der Helvetier sei gut, womit die machtpolitischen Gründe der Auswanderung, die in c. 2 als maßgeblich dargelegt wurden, unterstrichen werden.

Über Caesars eigene Gründe, den Helvetiern den Durchmarsch zu verbieten und gegen ihre Auswanderung vorzugehen, kann man nur spekulieren. Vielleicht vermischen sich bei ihm die römische Angst vor den Helvetiern und die Abneigung gegen sie mit dem Interesse, sich durch Kriegführung zu profilieren und das römische Herrschaftsgebiet ebenso wie seine privaten Ressourcen zu erweitern. Daß dies in der Geschichte typische Kriegsgründe waren und daß diese heute noch immer bei einem Krieg mit konventionellen Waffen eine Rolle spielen, kann hier den Schülern bewußt werden. Ebenso kann ihnen klarwerden, daß diese konventionellen Kriege für Römer deswegen relativ belanglos und ohne moralische Folgen eröffnet wurden, weil sie erstens kaum in ihrem eigenen Lebensbereich davon betroffen wurden, den Krieg also nicht ‚hautnah' erlebten, und weil sie zweitens militärtechnisch in der Regel ihren Gegnern überlegen waren (mit der einen, den römischen Zusammenhalt stärkenden, aber doch als nachhaltiger Schock wirkenden Ausnahme Hannibal). Schließlich kann klarwerden, daß das Vorhandensein atomarer Waffen auch hier eine Veränderung bewirkt hat: Da der Einsatz von Atomwaffen nicht nur den Angegriffenen, sondern auch den Angreifer mit Tod und Auslöschung bedroht, versuchen Politiker, ihn zu vermeiden, und riskieren Kriege nur dort, wo die Beschränkung auf einen konventionellen Krieg möglich erscheint. Schließlich kann man sich auch der Absurdität und Gefährlichkeit bewußt werden, die darin liegt, daß offenbar die Gefährlichkeit der Menschennatur durch eine vom technischen Geist geschaffene Gefahr eingeschränkt werden soll.

Zur Texterschließung

Die Texterschließung des Kapitels 9 kann etwa in den folgenden Schritten erfolgen: Feststellung der Ausgangslage, der kommentierenden Abschnitte und der Erzähletappen (vgl. die obige Gliederung); Feststellung der semantischen Wiederaufnahmen und des Neuen sowie der grammatikalischen Verhältnisse in den §§ 1–2; Feststellung der Wiederkehr von Motiven aus c. 2–3 und Erarbeitung des Satzbaus in § 3, des Folgeverhältnisses *(itaque)* und der grammatikalischen Verhältnisse in § 4. Die Übersetzung kann jeweils nach Besprechung der einzelnen Paragraphen erfolgen, die Besprechung nach der Gesamtübersetzung im dargestellten Sinn.

Kapitel 10

Im Kapitel 10 steht wie im Kapitel 7 Caesars Name im Dativ am Anfang. Und wie dort erhält er eine Meldung. Sie hat auch ähnlichen Inhalt: Die Helvetier wollen einen Marsch machen. Nur soll es jetzt nicht durch die römische Provinz, sondern durch das Gebiet der Sequaner gehen. Caesar fügt gleich noch das Gebiet der Haeduer an, zwar – wenn man auf das Ziel sieht – zu Recht, jedoch ohne dies bisher, etwa in c. 9, erwähnt zu haben. Ferner nennt Caesar jetzt erstmals ein Ziel der Marschbewegung: das Gebiet der Santonen *(in Santonum fines).* Außerdem berichtet Caesar die Meldung nicht in einem *cum*-Satz und mit Vorzeitigkeit *(nuntiatum esset)* zu einer übergeordneten Aktion *(maturat,* 7,1), sondern in einem Hauptsatz und im szenischen Präsens. Man vergleiche:

Tafelbild zu Bellum Gallicum 1,9

Die Helvetier ermöglichen Dumnorix einen Machtzuwachs

Sequaner	**Dumnorix**	**Helvetier**
relinquebatur una per Sequanos via **Ausgangslage**		ire non poterant **Ausgangslage**
	ad Dumnorigem Haeduum ←	legatos mittunt
	D. kommt ins Spiel	
apud Sequanos ← *Einfluß des D. bei den Sequanern* →	gratia et largitione plurimum poterat et erat amicus	← *Einfluß des D. bei den Helvetiern* → Helvetiis

et cupiditate regni adductus
Machtstreben

novis rebus studebat
Revolutionswille

quam plurimas civitates
suo beneficio habere obstrictas volebat

⇓

itaque rem suscipit

Das helvetische Ansinnen kommt den politischen Intentionen des Dumnorix entgegen

⇓

impetrat

a Sequanis
ut ... per fines suos patiantur Helvetios ire
obsidesque uti inter sese dent
perficit
ne ... itinere prohibeant
ut sine maleficio et iniuria transeant

Sequaner und Helvetier
unter der heimlichen Führung des Dumnorix verbunden

7,1: Caesari cum id nuntiatum esset
10,1: Caesari nuntiatur

7,1: eos (conari)
10,1: Helvetiis esse in animo

7,1: per provinciam nostram
10,1: per agrum Sequanorum et Haeduorum

7,1: iter facere
10,1: iter in Santonum fines facere.

Daß Caesar jetzt die Meldung im szenischen Präsens und als Hauptsatz berichtet, hat seinen Grund im andersartigen Charakter des Abschnitts. In c. 7 sollte die Eile der Aktionen nach der Meldung deutlich werden. In c. 10 stellt Caesar zunächst in langsamerem Tempo eine Situation und seine Überlegungen dazu vor. An die Erwähnung des Gebiets der Santonen fügt er zunächst einen Attributsatz an, der seinerseits wieder von einem Attributsatz begleitet wird: *Santonum fines..., qui non longe a Tolosatium finibus absunt, quae civitas est in provincia.* So stellt Caesar diesmal über das *Ziel* der Wanderungsbewegung (in c. 7 über den *Weg* der Wanderungsbewegung) die Verbindung zu römischen Interessen und ihrer Tangierung her. Wenn man die Entfernung des santonischen Gebiets zu Toulouse betrachtet (ca. 200 km) und diese mit dem jetzigen Standort Genf (nur durch allobrogisches Gebiet von der römischen Provinz getrennt) vergleicht, fällt auf, daß die Helvetier an dem angestrebten neuen Wohnsitz eher ungefährlicher für die Römer sein müßten. Aber auf dem Weg über den Attributsatz zu *Tolosatium,* nämlich *quae civitas est in provincia,* führt Caesar zum zweiten Satz, wo eine zukünftige wirkliche oder angebliche Gefahr für die römische Provinz formuliert wird: ... *magno cum periculo provinciae futurum).* Diese Gefahr besteht nach Caesars Erkenntnis *(intellegebat),* die Hintergrund (Imperfekt!) für die in § 3 mitgeteilten Aktionen ist *(praefecit, contendit, conscribit, educit, contendit,* also narratives Perfekt und szenisches Präsens). Die Formulierung der Erkenntnis selbst steht zwischen einem *si*-Satz und einem *ut*-Satz. In diesen beiden Gliedsätzen steht annähernd dasselbe: *id si fieret* verweist auf *iter in Santonum fines facere* aus § 1 *(ut homines bellicosos, populi Romani inimicos, locis patentibus maximeque frumentariis finitimos haberet);* der *ut*-Satz – Subjekt zu *magno cum periculo futurum* und zusammen mit diesem Infinitiv Objekt zu *intellegebat* – steigert die Bedingung oder Voraussetzung des *si*-Satzes jedoch zum Ergebnis – die Helvetier sind hier gleichsam schon im santonischen Gebiet – und untermauert die befürchtete Gefahr mit entsprechenden Informationen, die eine Konkretisierung des Hauptsatzes darstellen. Man vergleiche:

magno cum periculo	*provinciae futurum*
↓	↓
ut homines bellicosos, populi Romani inimicos, ... finitimos haberet	*locis patentibus maximeque frumentariis*

Der § 3 nimmt nun auf diese Erkenntnis ausdrücklich Bezug *(ob eas causas)* und berichtet Aktionen Caesars, erst im narrativen Perfekt *(praefecit),* dann im szenischen Präsens *(contendit, educit, contendit).* Caesar erweckt nun wieder den Eindruck der Schnelligkeit und verwendet entsprechende darstellerische Mittel: szenisches Präsens, die syndetische Form *(que ... et ... et),* die Wiederholung des Wortes *contendere,* die Stärke der Wortfelder ‚Bewegung' *(magnis itineribus, contendit, educit, qua ... iter erat, ire contendit)* und ‚Soldaten' *(legiones, tres, quae ... hiemabant, cum his quinque legionibus),* die Zusammenfassung der getrennt berichteten Teilaktionen im Ergebnis *cum his quinque legionibus ire contendit.* Wenn die Soldaten mehr werden, wird auch der Stil breiter.

Die Störaktionen der Ceutronen, Graioceler und Caturigen werden in einem kurzen Satz mit prädikativer Einbettung *(locis superioribus occupatis)* als Versuch *(conantur)* berichtet, seine vorher genannten fünf Legionen *(quinque legionibus* 3, *exercitum* 4) am ebenso hervorgehobenen schnellen Marsch *(iter, ire contendit* 3, *itinere* 4) zu hindern *(prohibere).* Der § 5 zeigt aber Caesar nach der Zusammenfassung *compluribus his proeliis pulsis* auf dem Weitermarsch und bei der Ankunft in der Provinz Gallia ulterior *(ab Ocelo ... in fines Vocontiorum ulterioris provinciae die septimo pervenit).*

Die Zeitangabe *die septimo* erinnert an c. 7. Dort hatte Caesar eine genaue Zeitangabe vermieden und nur seine große Eile hervorgehoben. Man kann die Dauer seines Marsches von Rom nach Genf auf acht Tage berechnen, weil er – wie andere Quellen zeigen – wahrscheinlich erst nach dem 20. März Rom verließ und in der Nähe der Helvetier gewesen sein muß, als diese sich, wie vereinbart, getroffen hatten (28. März), jedoch noch nicht

Tafelbild zu Bellum Gallicum 1, 10

Caesars Abwehrmaßnahmen

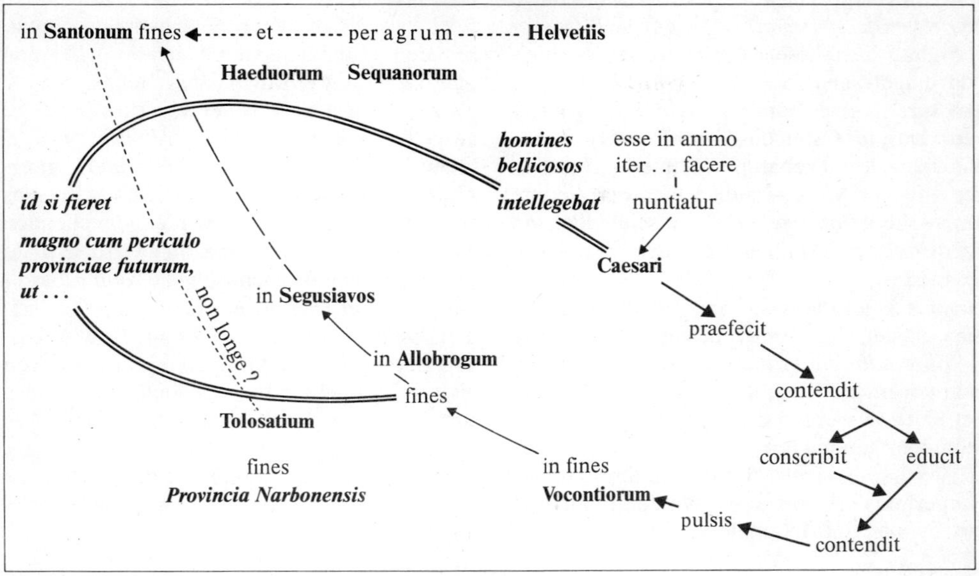

zum gemeinsamen Marsch aufgebrochen waren.
Jetzt benötigt er für den Marsch von Oberitalien zu den Vocontiern, für Aushebungen und Kämpfe nur gut sechs Tage.
Die Marschbewegung und die Eile setzen sich – wie schon in den vorigen Sätzen – wie durch eigenen Schwung fort: ***inde*** *in Allobrogum fines, ab Allobrogibus in Segusiavos exercitum ducit.* Erst der Schlußsatz bringt eine Erläuterung und einen Ruhepunkt: *Hi sunt extra provinciam trans Rhodanum primi.* Um diese Bewegung und Beschleunigung als – scheinbar – natürlich vorzuführen, hat Caesar erneut entsprechende stilistische Mittel verwendet und auch verkürzte, unklare Formulierungen nicht gescheut: Partizipialstil, Unterbetonung der Angreifer bei der Darstellung, wie er sie schlägt *(his* ist nach *compluribus* gestellt), nach genauer Darstellung der Lage von Ocelum („das die letzte Stadt der diesseitigen Provinz ist", *quod est citerioris provinciae extremum);* eine eher ungenau beiläufige Erwähnung, daß er sich im Gebiet der Vocontier befindet (freie Zuordnung eines Genitiv-Attributs, *ulterioris provinciae,* zu *fines Vocontiorum)*, Rückverweis *inde,* Epiploke (Klimax mit anknüpfender Wiederholung eines Wortes: *in Allobrogum fines, ab Allobrogibus . . .)* und erst am Schluß wieder grammatikalisch deutliche Lageangabe: *extra provinciam primi.* An die Stelle der ungenau formulierten Angabe „in der jenseitigen Provinz" tritt die genaue, in einem eigenen Hauptsatz formulierte Angabe „außerhalb der Provinz". Caesar weist auf den – vom Senat nicht verhandelten und also nicht genehmigten – Grenzübertritt, der eine Kriegseröffnung ist, deutlich hin. Aber die Deutlichkeit ist hier die beste Rechtfertigung. Denn die Segusiaver treten als Endpunkt der rasanten und begründeten Marschbewegung Caesars gleichsam ganz natürlich an die Stelle der im Provinzgebiet wohnenden Allobroger.

Zur Texterschließung

Die Erschließung des Kapitels kann mit einem Blick auf die Karte und der Besprechung einiger im Kapitel vorkommender Völker beginnen: Deren Lage wird der Geographie ent-

sprechend (Osten, Mitte, Westen; Norden, Mitte, Süden) im Tafelbild festgehalten: *Helvetii, Sequani, Haedui, Santones, provincia Narbonensis (= ulterior),* in der sich ***Caesar*** befindet (auch dieser Name wird in das Tafelbild eingetragen) und zu der im Westen die ***Tolosates*** (deren Name ins Tafelbild eingetragen wird), im Osten die ***Vocontii*** (wiederum – wie die anderen genannten Namen – einzutragen), in der Mitte – südlich von den Sequanern – die ***Allobroges*** gehören; schließlich die ***Segusiavi,*** die südlich von den Haeduern wohnen.
Danach kann der erste Satz erschlossen und die dort gemachte Behauptung *qui non longe a Tolosatium finibus absunt* als fraglich erkannt werden. Entsprechend der Abbildung auf Seite 41 werden die Eintragungen ins Tafelbild vorgenommen.
§ 2 wird sodann als Hintergrundinformation (Imperfekt) erkannt, seine Wiederaufnahmen aus § 1 und die Doppelungen innerhalb des Paragraphen werden erarbeitet; entsprechende Eintragungen im Tafelbild zeigen, daß § 2 eine Zukunftsvision ist und über alle Gebiete reicht, weil Caesar in der Provinz an Gefahren denkt, die von den Helvetiern bei den Santonen für die Provinz ausgehen.
§ 3 kann dann als von der Überlegung in § 2 ausgelöst erkannt werden *(ob eas causas).* Dann können die einzelnen Aktionen im erzählenden Perfekt und im szenischen Präsens erarbeitet und dies kann von entsprechenden Tafelbildeintragungen begleitet werden. Diese zeigen die Marsch- und Rüstungsbewegung, mit der Caesar reagiert, und stellen seinen ‚Umweg' über die diesseitige Provinz und den Kampf mit den Graiocelern und anderen bis zur Rückkehr in die jenseitige Provinz und zum Marsch zu den Segusiavern in die Nähe des geplanten Marschweges der Helvetier dar. (Kapitel 11 zeigt dann, daß sich die Helvetier bereits im Gebiet der Haeduer befinden.)

Kapitel 11

Paragraph 1 des 11. Kapitels nimmt 10,1 wieder auf, jetzt als Voraussetzung des Neuen: Im Plusquamperfekt wird dargestellt, daß die Helvetier bereits ins Gebiet der Haeduer gelangt sind. Neue Information ist, daß sie deren Äcker verwüsten. Diese Information wird im Imperfekt als Begleitumstand und Hintergrund der folgenden Informationen (ab § 2, im szenischen Präsens) formuliert. Durch erneutes Auflegen der Folie zu c. 10 (bzw. durch erneute Betrachtung des von den Schülern ins Heft übernommenen Tafelbildes zu c. 10) kann der Punkt festgehalten werden, an dem sich die Helvetier, und der, an dem sich Caesar und seine Legionen befinden: das Gebiet der Haeduer, aus dem die Helvetier zu dem der Santonen ziehen wollen, und das Gebiet der Segusiaver, aus dem heraus Caesar ein Vordringen der Helvetier zu den Santonen verhindern will.
Während der erste, plusquamperfektische Teil den in 9,4 geschilderten Vereinbarungen mit den Sequanern entspricht, entspricht der zweite, imperfektische Teil den Befürchtungen, die Caesar für einen Marsch durch die Provinz hegte (7,5). Die Haeduer, deren ‚Oppositionsführer' (als der er sich in c. 17–18 herausstellt) Dumnorix den Helvetiern erst den Durchmarsch durch das Sequanergebiet ermöglicht hat, müssen jetzt unter diesen Helvetiern leiden.
Caesar berichtet dies so: In § 1 sind die Helvetier Subjekt. Caesar sagt im eigenen Namen, daß sie die Äcker der Haeduer verwüsten. Dann werden in § 2 die Haeduer Subjekt. Sie reagieren. Erst wird eine Voraussetzung genannt, in der *eorum agros* als *se suaque* wiederkehrt und so verallgemeinert und vergrößert wird. Die Voraussetzung, daß die Haeduer sich nicht schützen können, wird ihrerseits nicht begründet. Sie macht die Reaktion verständlich, die nun erneut Caesar und die Römer in das Geschehen einbezieht: *legatos ad Caesarem mittunt rogatum auxilium.*

In einer indirekt wiedergegebenen Rede werden die Motive *agros populabantur/se suaque defendere* und *non possent/rogatum auxilium* weiter konkretisiert und vergrößert und in einen moralisch verpflichtenden Zusammenhang gestellt *(mereri/debere)*, der nicht konzessiv und in die Vergangenheit gerichtet ist (‚obwohl wir uns Verdienste erworben haben, werden unsere Äcker verwüstet'), sondern ein Ursache-Folge-Verhältnis für Gegenwart und Zukunft formuliert: „Wir haben uns so verdient gemacht, daß unsere Äcker nicht verwüstet werden dürfen." Diese Aussage wird unterstrichen durch die Zusätze *omni tempore* in der Voraussetzung und *paene in conspectu exercitus nostri* in der Folgerung sowie durch die gegenüber *agros populabantur/se suaque defendere* steigernde Konkretisierung *agri vastari, liberi eorum in servitutem abduci, oppida expugnari.* An das, was Caesar in § 1 schilderte und in § 2 undeutlich steigerte, läßt er also die Haeduer selbst eine deutliche und detaillierte Steigerung anfügen. Größe und Nähe der Gefahr sowie die moralische Verpflichtung sollen das sofortige Eingreifen, das in § 6 geschildert wird, als unerläßlich erweisen.

Mit *eodem tempore* (§ 4) und *item* (§ 5) schließt Caesar die Hilfeersuchen zweier weiterer Völker an, wobei er die Informationen zu den Völkern, das Wort für die Benachrichtigung und den Inhalt der Nachricht variiert:

(§ 4) eodem tempore	*Ambarri,*	*necessarii et consanguinei Haeduorum,*
Zeitidentität	Name	nationale Erläuterung: Teil der verbündeten Haeduer
(§ 5) item	*Allobroges,*	*qui trans Rhodanum vicos possessionesque habebant,*
Sachidentität	Name	geographische Erläuterung: die Allobroger waren weiter entfernt von Caesars jetzigem Standort

(§ 4) Caesarem certiorem faciunt	*sese depopulatis agris*	*non facile vim hostium prohibere.*
Benachrichtigung ←	Ackerverwüstung	→ Widerstand ist schwierig
(§ 5) fuga se ad Caesarem recipiunt	*et demonstrant*	*sibi praeter agri solum nihil esse reliqui.*
Widerstand aufgegeben ←	Benachrichtigung	Ackerverwüstung

Die Ambarrer verdienen als Verwandte der Haeduer dieselbe Unterstützung wie sie. Sie benachrichtigen Caesar, daß ihre Äcker verwüstet sind und Widerstand schwer ist. Die Allobroger sind Verbündete der Römer, was schon 6,2 gesagt wurde. Hier wird ihre geographische Lage geschildert. Der Grund ist nicht offensichtlich. Im Kommentar von Kraner/Dittenberger/Meusel heißt es[20]: „Die Helvetier waren nach ihrem Durchzug durch das Sequanerland zuerst in das Gebiet der Allobroger, dann in das der Ambarrer und zuletzt in das der Haeduer gekommen. Aus der Art der Aufzählung hier darf man schließen, daß C. nach Überschreiten der Rhone (c. 10,5) aus dem Gebiet der Segusiaver in das der Ambarrer gezogen ist und daß er jetzt, wo die Gesandten zu ihm kommen, an dem linken Ufer der Saône steht, dem Haeduerlande gegenüber. Darum wird er von den Haeduern und gleichzeitig von den Ambarrern um Hilfe gebeten, und dann erst von den etwas weiter entfernten Allobrogern."

Man muß sich wohl vorstellen, daß jeweils nur Teile der von Caesar genannten Völker vom Durchzug der Helvetier durch das Gebiet zwischen Rhone und Saône (Arar) betroffen wurden. Caesar macht daraus eine sich steigernde Verwüstungsaktion der Helvetier, eine sich steigernde Reihe von Hilfeersuchen. Gerade weil die Allobroger am weitesten weg von Caesars Standort waren – ob Caesar nun im Gebiet der Segusiaver oder, wie Kraner/Dittenberger/Meusel meinen, im Gebiet der Ambarrer steht – und weil sie zuletzt kommen, können sie statt mit Befürchtungen wie die Haeduer, statt mit drohender Niederlage wie die Ambarrer mit Untergang und radikaler Verwüstung der Äcker als bereits eingetretenen Ereignissen argumentieren. Und mit ihnen tut es Caesar.

[20] C. Iulii Caesaris Commentarii De bello Gallico, erkl. von Kraner, F./Dittenberger, W./Meusel, H., Bd. 1, Berlin ^{17}1913, Nachdr. Dublin/Zürich 1968, S. 107.

In § 6 faßt er die Hilfeersuchen und Klagen mit *quibus rebus* zusammen, behauptet, daß diese ihn zum Eingreifen veranlassen *(adductus)*, ja nötigen *(non exspectandum sibi **statuit**)* und gibt als zu vermeidendes Ergebnis der helvetischen Wanderungsbewegung an: ***omnibus** fortunis **sociorum** consumptis in Santonos Helvetii pervenirent.* Die Verallgemeinerung *omnibus* (nicht nur Äcker?) und *sociorum* (nicht nur Haeduer, Ambarrer und Allobroger?) zeigen: Vorher hat Caesar doch etwas übertrieben. Denn sonst könnte er jetzt nicht noch vermeiden wollen *(omnibus fortunis consumptis)*, was er zum Beispiel bei den Allobrogern als schon eingetreten hingestellt hat *(praeter agri solum nihil reliqui)*. Oder wollte Caesar sagen *fortunis omnium sociorum consumptis?*
Neben die Sorge Caesars, die Helvetier könnten auf santonischem Gebiet der römischen Provinz gefährlich werden, treten also die Hilfeersuchen verbündeter Völker, die nach dem römischen Prinzip der Bündnistreue und der Bündnispflichten zum Eingreifen zwingen. Die Sorge um die römische Provinz diente in c. 10 dazu, das Herbeiholen von Truppen und die Überschreitung der Provinzgrenze zu begründen, das am Kapitelende erwähnt wurde. Die Hilfeersuchen verbündeter Völker dienen in c. 11 dazu, das sofortige Eingreifen und Losschlagen (mit den bereitstehenden Truppen) zu begründen. So schreitet Caesar konsequent in seiner Darstellung und in seiner militärischen Strategie voran.

Zur Texterschließung

Die Texterschließung kann mit der linearen Erschließung des § 1, der Feststellung, was darin bekannt und was neu ist, der Erklärung der verwendeten Tempora beginnen. Dann erfolgen die Übersetzung, der Rückgriff auf das Tafelbild zu c. 10 (vgl. Abb. S. 41) sowie die Anlage des Tafelbildes zu c. 11 (vgl. Abb. S. 45): Die Informationen aus § 1 und die Auswertung ‚Verwüstungen' werden eingetragen.
Die Erschließung der §§ 2–3 kann ebenfalls linear erfolgen. Die Satzstrukturen (Kausal- und Hauptsatz; indirekte Rede mit Hauptsatz und Konsekutivsatz) sowie die Wiederaufnahmen, steigernden Ausweitungen und Zusätze werden festgestellt. Dabei kann die Tafelbildeintragung erfolgen (siehe dieses). Nach der Übersetzung kann auch schon erkannt werden, daß Caesar von Tatsachen zu Befürchtungen übergeht, und auch dies im Tafelbild festgehalten werden.
Die §§ 4–5 können durch die Einleitungen und die Völkernamen sowie durch Wörter aus den Wortfeldern ‚Bewegung' und ‚Melden' leicht als Parallelen zu den §§ 2–3 erkannt und erschlossen werden. Dabei erfolgen weitere Tafelbildeintragungen. Schließlich kann § 6 mit seinem Anschluß *quibus rebus,* seinen Verbalinformationen *adductus – exspectandum ... statuit, dum ... consumptis ... pervenirent,* seinen Wiederaufnahmen und Steigerungen erschlossen und dann übersetzt werden.
Das Tafelbild wird ergänzt, das Ziel des Kapitels und die Überschrift für das Tafelbild werden herausgefunden: Caesar will zeigen, daß die Helvetier sehr gefährlich sind, daß sich die Verwüstungen steigern und ausdehnen und daß er sofort eingreifen muß.

Tafelbild zu Bellum Gallicum 1, 11

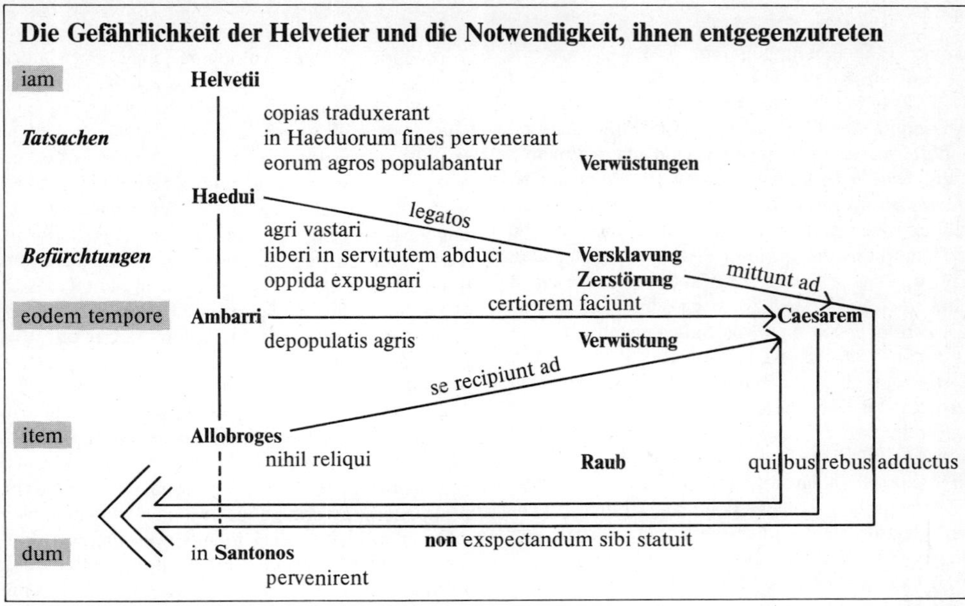

Kapitel 12

Kapitel 12 ist durch den Tempusgebrauch gegliedert:
§ 1: Präsens, allgemeine Beschreibung
§§ 2–3: Perfekt (narrativ): Tatenbericht
§ 4: Hintergrundinformation im Imperfekt und im Präsens
§ 5: Schilderung vorangegangener, also vor dem Inhalt der §§ 2–3 liegender Ereignisse im Plusquamperfekt
§§ 6–7: Feststellungen für die Vergangenheit im konstatierenden Perfekt.
Die Abschnitte sind durch Konnektoren und Verweisformen verbunden:
In § 2 verweist *id* auf *Arar;*
in § 3 verweist *eos* auf *eam partem, quae;*
in § 4 verweist *is pagus* auf *eam partem* ... und *eos* aus §§ 2/3;
in § 5 verweist *hic pagus unus* verschärft auf *is pagus;*
in § 6 verweist *ita* auf die vorhergegangene Argumentation und leitet eine Schlußfolgerung ein.

Inhaltlich finden sich in den Abschnitten Gemeinsamkeiten, nämlich militärische Ausdrücke: § 2: *transibant, exploratores, certior factus, est, copiarum, traduxisse, de tertia vigilia, cum legionibus, e castris profectus, pervenit, transierat;* § 3: *impeditos, adgressus, concidit;* § 5: *consulem interfecerat et eius exercitum sub iugum miserat;* § 6: *insignem calamitatem ... intulerat (poenas persolvit);* § 7: *iniurias ultus est, legatum, eodem proelio, interfecerant.*

Aber stärker sind die inhaltlichen Unterschiede:

§ 1: Flußschilderung
§§ 2–3: Kampfesschilderung
§ 4: Ethnographisches
§ 5: Schilderung von Kampf und Niederlage
§§ 6–7: Schilderung von Strafe und Rache und vager Verweis auf den göttlichen Willen. Caesar stellt sich als Engel mit dem Flammen-

schwert hin[21] und kann an das Rachedenken appellieren.

Zu einer ähnlichen Stelle *(Gall.* 7, 78, 4–5) schreibt Gerhard Fink[22]: „Im 7. Buch des *Bellum Gallicum* (Kap. 78) berichtet Caesar von den aus Alesia ausgewiesenen Mandubiern, die mit ihren Frauen und Kindern vor den römischen Linien um Aufnahme bitten: *ut se in servitutem receptos cibo iuvarent. At Caesar dispositis in vallo custodiis recipi prohibebat.* – Glücklich fügt an diesen Satz in seiner Ausgabe die Bemerkung an: „Caesar erwähnt im folgenden nicht, was das Schicksal der Mandubier gewesen ist – sie kamen wohl elend zwischen den Fronten um – und warum er sie nicht als Sklaven annahm – er hatte wohl selbst zu wenig Vorräte.“ – Für das in unseren Augen inhumane Vorgehen Caesars wird hier eine Art Entschuldigung geliefert. Aber ist es nicht in höchstem Maße bestürzend, daß Caesar es nicht für nötig hält, seine Maßnahme zu rechtfertigen? Wahrscheinlich stoßen wir hier auf eine gewisse Indolenz des Römers dem Nichtrömer gegenüber, derzufolge dessen Leben oder Sterben von Zweckmäßigkeitsüberlegungen abhängig war.“ (40f.) Jedoch kann keine Rede davon sein, daß der Kommentar mit seiner Bemerkung eine Entschuldigung liefert; ausdrücklich bleibt er neutral, jedoch nicht wie Caesar, indem er gar keine Erklärung liefert, sondern – mit Appell an die lesenden Schüler – indem er zwei gegensätzliche Anhaltspunkte und Ausgangspunkte für Überlegungen liefert: „sie kamen wohl elend zwischen den Fronten um“: das grausame Ende liefert Stoff zur Empörung und Verurteilung wie der Finks; „er hatte wohl selbst zu wenig Vorräte“ – die Grausamkeit der Fakten und häufig vorkommender „Güterabwägungen“ wird deutlich – man denke an die Aufnahme von Verhungernden oder Flüchtlingen oder Verfolgten in diesem Jahrhundert. Die Situation der Mandubier ist das Ergebnis der Grausamkeit der Gallier in Alesia, deren Führer Critognatus gerade gesagt hat, Hunger erleiden sei besser als sich zu ergeben (7, 77, 5 und 12), worauf erst einmal alle ‚Kriegsuntauglichen‘ *(valetudine aut aetate inutiles ... bello* 7, 78, 1) und alle Mandubier die Stadt verlassen müssen. Anspruch und grausame Wirklichkeit stehen in krassem Gegensatz. Oder: Die heroische Haltung wird in ihren grausamen Auswirkungen gezeigt. Caesars Verhalten gegenüber den Mandubiern entspricht dem, denn – so vermuten auch andere, etwa Dorminger[23] – die Aufnahme eines eben noch feindlichen Stammes hätte unter den römischen Truppen Organisations- und Versorgungsprobleme bewirkt. So teilt Caesar seine harte Gegenmaßnahme mit, wobei das Imperfekt *prohibebat,* das dem vorausgegangenen *orabant* entspricht, deutlich macht, daß es um einen sich vielmals wiederholenden Vorgang geht, die Not der Mandubier und die Härte ihrer Zurückweisung extrem sind. Cäsar begründet nicht weiter, die Härte spricht für sich selbst, aber es ist zunächst eine Härte der Umstände, erst dann eine der beteiligten Alesier und Römer, die „Indolenz“ gegenüber Leben oder Sterben anderer, die Fink den Römern zuweist, besteht auf beiden Seiten; das Problem ist nicht so sehr, ob Caesar und die Römer human oder inhuman sind – das wäre einseitige Römerkritik –, sondern wie sich Völker und Politiker verhalten müssen, um solche Situationen zu vermeiden, in denen zwischen zwei inhumanen Haltungen – hier Abweisung der Mandubier oder Gefährdung der Römer – entschieden werden muß. Caesar zeigt im Höchstfall, daß die Härte seiner Entscheidung der der Alesier entspricht.

Demgegegenüber ist die Darstellung im Kapitel 12 des ersten Buches viel anfechtbarer. Sie beginnt mit einer vermeintlichen Landschaftsschilderung, die zwar begründen kann, warum die Helvetier gerade den Arar überqueren wollen – er fließt sehr langsam –, die aber doch in ihrer Ausführlichkeit ein selbständiges Element des Kapitels ist und dann ohne ästhetische Bedenken mit der Schilderung eines Gemetzels verbunden wird. Ferner schließt sich der Schilderung des Gemetzels eine ausführliche Begründung an, die dem Rachegedanken und der Vorstellung des *bellum iustum,* Römern wie anderen vertraut, Rechnung trägt. Im Grunde schildert nur ein Satz das Gemetzel, er steht in der Mitte des Kapitels (§ 3), ist kurz und könnte Höhepunkt sein, verschwindet aber aus der Wahrnehmung, weil er zwischen Landschaftsbeschreibung und Darstellung befriedigten *ultio*-Denkens eingebettet und so verharmlost wird.

---

21 Vgl. dazu etwa A. J. Toynbee: Krieg und Kultur. Der Militarismus im Leben der Völker, London 1950, deutsch Stuttgart o. J., S. 12.

22 Fink, G.: Caesarbild und Caesarlektüre, in: Der altsprachliche Unterricht XXIII/3, 1980, S. 32–41, Zitat von S. 40. Vgl. auch unten S. 92 zu 28,3.

23 C. Iulius Caesar: Der Gallische Krieg, Lateinisch-deutsch ed. G. Dorminger, München [2]1966, S. 484, Anm. 331.

Zur Texterschließung

Die Texterschließung kann anhand der Tempora und der Konnektoren die Gliederung des Kapitels erarbeiten und dann Paragraph für Paragraph eine Einzelerschließung vornehmen. Dabei werden Wiederaufnahmen und Wortfelder erarbeitet. Bei den Paragraphen 2 und 3 müßte man, bei den Paragraphen 1 und 7 könnte man nach dem geschilderten Verfahren der Satzerschließung vorgehen (Unterstreichung aller Verbalinformationen und Kennzeichnung als abhängig oder selbständig, Umrahmung der unterordnenden Konnektoren).

Das *Tafelbild 1* kann die Aktionen der Helvetier und die Caesars einander gegenüberstellen und dabei Schilderung und Rückblick (mit rückblickender Feststellung) unterscheiden.

Tafelbild 2 (s. S. 48) kann eine Spannungskurve der einzelnen Mitteilungen festhalten: Von der beschaulichen (scheinbaren) Landschaftsbeschreibung über die Schilderung des Vorgangs und Versuchs (Imperfekt *transibant),* den Fluß zu überqueren, zur Benachrichtigung Caesars, zum Aufbruch, zur Ankunft, zum Angriff, zum Töten, dann zur Flucht, zum Verstecken, zum langen Rückblick, der der ‚beschaulichen' Einleitung entspricht.

Tafelbild 1 zu Bellum Gallicum 1, 12

Helvetii		**Caesar**
	flumen est Arar	
transibant		
tres partes traduxisse	quartam partem reliquam esse	certior factus
		profectus
	ad eam partem, quae nondum flumen transierat	← pervenit
	impeditos/inopinantes	adgressus
	magnam partem eorum	concidit
	reliqui sese fugae mandarunt abdiderunt	
	quae pars insignem calamitatem populo Romano intulerat, ea princeps poenas persolvit	qua in re Caesar non solum publicas, sed etiam privatas iniurias ultus est, quod ... Pisonem Tigurini interfecerant

Caesar als Rächer früheren Unrechts

Tafelbild 2 zu Bellum Gallicum 1, 12

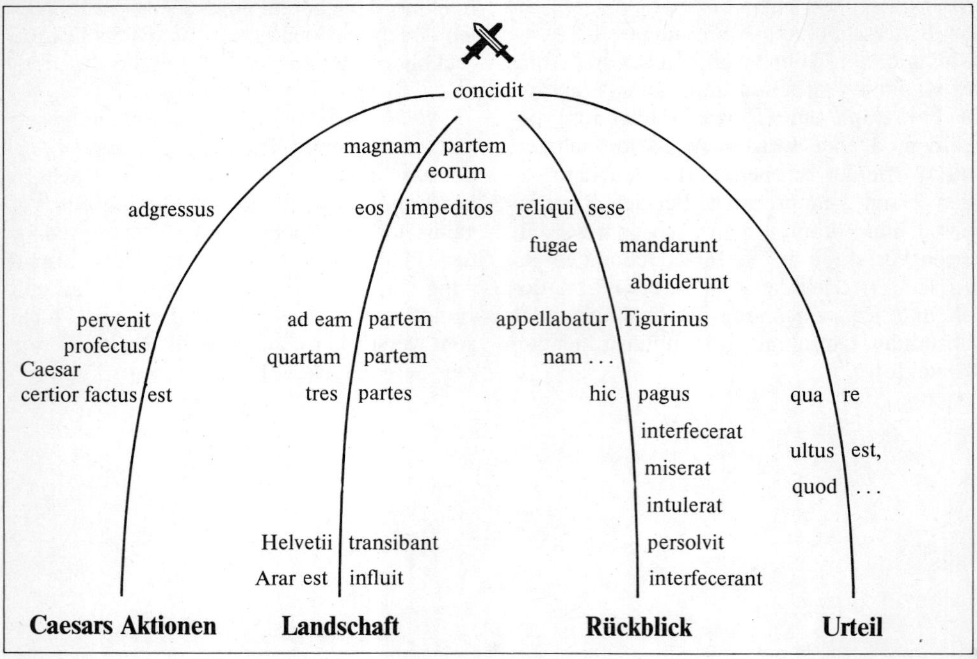

Kapitel 13

Thema des § 1 ist *hoc proelio facto*, womit an 12,3 Ende angeschlossen und die Erzählung fortgesetzt wird. Das Erzähltempus in 12,2–3 war das Perfekt (12,1 darstellendes Präsens, 12,4–6 Einschaltung im darstellenden Imperfekt und im konstatierenden Perfekt). Jetzt – 13,1–2 – ist das Erzähltempus das szenische Präsens, in den Gliedsätzen gilt weiter die Zeitenfolge des historischen Berichts in der Vergangenheit. In § 3 steht schließlich das narrative Perfekt als Einleitung der indirekten Rede der §§ 3–7. Der Übergang vom Thema zum Rhema erfolgt in § 1 mit *reliquas copias Helvetiorum*, einer Wiederaufnahme von *Helvetii* bzw. *tres partes copiarum* aus 12,2 und sozusagen dem Komplementärbegriff zu *eam partem, quae nondum flumen transierat* (12,2) bzw. *pagus Tigurinus* (12,4). Erst nach dem Thema und nach dem Übergang folgt mit *ut consequi posset* das Rhema, die Absicht Caesars, unter der das folgende steht: *pontem ... curat atque ita exercitum traducit*. Finalsätze werden ja als Motivationsangabe gern der Handlungsbeschreibung vorangestellt. Das Subjekt erscheint nur in der Personalendung, weil es vom vorhergehenden Satz 12,7 her noch weiter gilt *(Caesar)*. Die *-nd*-Fügung *pontem faciendum* kann leicht verstanden und übersetzt werden, wenn das Verständnis von *-nd*-Formen und -Fügungen richtig hergestellt ist[24].

---

[24] Die *-nd*-Formen dienen der Deklination des Infinitivs und der Herstellung von Fügungen, die unseren zusammengesetzten Substantiven entsprechen. Dabei gibt es eine Formulierung, die das Substantiv vom Infinitiv regiert sein läßt:
pontem facere
pontem faci-e-nd-i
pontem faci-e-nd-o
pontem facere
pontem faci-e-nd-o.

Der § 2 bringt einen Subjektwechsel. Die Anfangsstellung von *Helvetii* zeigt, daß jetzt ihre Reaktion geschildert wird. Mit *eius* wird das Subjekt, mit *repentino adventu* wird das Ergebnis des vorigen Satzes genannt; *commoti* nennt die Reaktion der Helvetier darauf. Mit *cum* wird eine weitläufige Erklärung angeschlossen, die raffiniert abbildet, was in den Helvetiern vorgeht. Zuerst sind sie durch die plötzliche Ankunft Caesars erschrocken. Der Leser erwartet zunächst im *cum*-Satz eine Erläuterung dazu. In der Tat sind ja *cum*-Sätze eigentlich Relativsätze, und in der Tat hat der *cum*-Satz auch einen Inhalt, der *repentino adventu commoti* erläutern kann. Aber streng genommen erläutert der *cum*-Satz die folgende Aussage *legatos ad eum mittunt*. Auch dies kann der Leser mitvollziehen, weil er gewohnt ist, *cum*-Sätze – ausgenommen solche mit dem *cum inversivum* – vor der Information zu lesen, für die sie eine zeitliche oder sachliche Voraussetzung oder eine Parallelaktion nennen. So hat also die Hauptsatzaussage *legatos ad eum mittunt* zwei Voraussetzungen: eine schnelle, emotionale, die kurz geschildert wird: *repentino eius adventu commoti*; und eine langsame, rationale, die dann den Schrecken noch vermehren kann *(cum ... intellegerent)*. Caesar tut sprachlich alles, um den langsamen und lähmenden Erkenntnisvorgang der Helvetier durch entsprechende Umständlichkeit nachzuahmen: *cum id* (Vorverweis), *quod ipsi* (Rückverweis und gleichzeitig Gegensatz zum folgenden *illum) diebus XX* (Angabe einer langen Zeit im Gegensatz zum folgenden *uno die) aegerrime* (Superlativ ohne direkte eigene Gegensatzentsprechung im folgenden, weil diese bereits in *uno die* enthalten ist) *confecerant* (Kompositum im Gegensatz zum Simplex *fecisse* bei der Schilderung von Caesars Tun, also: eine Brücke *einfach* so an einem einzigen Tag gemacht hatte), dann *ut flumen transirent* nach dem Vorverweis *id*, der subjektiv gefärbten Erläuterung *quod ... confecerant* nun eine scheinbar objektive Erläuterung anfügend, die in Wirklichkeit fast das Lächerliche streift und Überflüssiges deutlich macht: Der Leser wird zur Langsamkeit, zum Einhalten gezwungen und hört fast, wie die Helvetier ‚Bauklötzer staunen'. Höchste Subjektivität hinter scheinbarer Objektivität.

Dann der Gegensatz, mit dem starken *illum* eingeleitet: *illum uno die fecisse*; schließlich das Prädikat des langen *cum*-Satzes: *intellegerent:* jetzt geht es ihnen richtig auf. Caesar: ein Satzbaukünstler mit hohem psychagogischen Geschick, der seine Leser zu lenken und Ironie ebenso zu übermitteln weiß wie Appelle. Und dann schließlich noch das Hauptsatzende, nachdem *Helvetii* am Beginn des ganzen Satzes stand: *legatos ad eum mittunt. Eum* nennt nun zum dritten Mal in diesem Satz Caesar in einem Pronomen und weist zurück auf *repentino eius adventu.* Caesar ist gleichsam pronominal allgegenwärtig – „Er" lenkt alles, an „Ihm" kommt niemand vorbei.

Breit wird *legatos* in *cuius legationis* aufgenommen – noch ein Ruhepunkt nach der langen hymnischen Darstellung seiner Größe und helvetischer Zerstörtheit. Jetzt konzentriert sich der Blick voll auf die Gesandtschaft. Ihr Führer wird herausgehoben: *princeps Divico fuit.* Seiner diplomatischen Führungsrolle wird sofort eine frühere militärische Führungsrolle gegenübergestellt, obwohl sie in einem unverfänglich sich anschließen-

---

Und es gibt eine Formulierung, die Substantiv und Infinitiv durch übereinstimmende Endungen nahe zusammenrückt:
pons faci-e-nd-us
pont-is faci-e-nd-i
pont-i faci-e-nd-o
pont-em faci-e-nd-um
pont-e faci-e-nd-o
pont-es faci-e-nd-i usw.
Beide Formulierungsweisen werden auf die gleiche Art übersetzt, also das oben angeführte Beispiel mit „Brücke bauen", „Brückenbau", „Bau einer Brücke". Entsprechend heißt *pontem faciendum curat* „er besorgt einen Brückenbau", „er sorgt für den Bau einer Brücke". (Nur bei Verbindungen mit *esse* ergibt sich die sogenannte *notio necessitatis,* etwa *pons facienda est:* ‚Brükkenbau gilt', d.i. „Man muß eine Brücke bauen").

den Attributsatz steht: *qui bello Cassiano dux Helvetiorum fuerat*. Mit dieser direkten Charakterisierung begnügt sich Caesar, der Krieg des Cassius ist von 12,5 her noch voll mit seinen harten Folgen für die Römer in Erinnerung, und außerdem wird Divico sogleich auch durch seine Rede – indirekt – charakterisiert, eine Rede, die dem Eindruck eines harten, bösartigen Gegners der Römer vollauf entspricht.

Schon die Redeeinleitung *is ita cum Caesare egit* läßt Schlimmes erwarten. *Agere cum* kann in zwei verschiedenen Zusammenhängen verwendet werden: Mit adverbialer Bestimmung *bene* oder *male agere* (‚gut' oder ‚schlecht mit jemandem verfahren oder umspringen'); mit folgendem Objektsatz *agere, ut*... (‚mit jemandem vereinbaren, eine Unterredung darüber führen, daß ...'). Im zweiten Sinn wird allgemein die Formulierung an dieser Stelle aufgefaßt[25]. Die andere Bedeutung ist jedoch nicht auszuschließen.

Die Rede Divicos wird indirekt wiedergegeben. Caesar bleibt immer als vermittelnder, den Leser begleitender Autor beteiligt. Sofort fallen in Divicos Rede die Bedingungen auf: *si*... *sin*... So spricht ein Sieger, nicht der Unterlegene, es ist eine Position der Stärke, nicht der Schwäche. Da aber vorher gerade die Schwäche der Helvetier gezeigt wurde, wirkt Divico unverschämt und arrogant. Die zwei Bedingungen sind Alternativen, das thematische Stichwort folgt jeweils sofort nach der Konjunktion: *pacem, bello*. Die erste Bedingung ist für römische Ohren überraschend, weil sich Römer ohnhin als friedenswillig sehen und Vertragsangebote von ihnen ausgehen, zur Wiederherstellung einer von anderen gestörten Ordnung (vgl. etwa Vergils Formulierungen *Aeneis* 6,851–853 und 12,565–573). In Divicos Äußerung ist die Sicht umgekehrt, und Caesar zeigt dies, ohne Gefahr zu laufen, daß ein Leser sich Divicos Sicht zueigen machen könnte; auch Caesar selbst kommt nicht auf den Gedanken, einmal versuchsweise Divicos Standpunkt einzunehmen. Eine solche Hineinversetzung in gegnerische Standpunkte ist zu Caesars Zeit unüblich und kaum bekannt und auch heute Kennzeichen eher des politischen Kommentators als des aktiven Politikers. Beim politischen Akteur wirkt diese Haltung oft als Schwäche und Unentschiedenheit (etwa bei dem ehemaligen amerikanischen Präsidenten Jimmy Carter).

Die zweite Bedingung ist noch überraschender, weil hier dem römischen Volk unterstellt wird, es bleibe hartnäckig bei Krieg und dieser gehe von ihm aus *(bello persequi perseveraret)*, und weil von einem eigentlichen Kriegszustand noch gar nicht gesprochen worden ist. Der Senat hat keinen Krieg erklärt, Caesar hatte die Überschreitung der Provinzgrenzen unverfänglich 10,5 so formuliert: *inde in Allobrogum fines, ab Allobrogibus in Segusiavos exercitum ducit. hi sunt extra provinciam trans Rhodanum primi.*

Innerhalb der Darstellung seiner Auseinandersetzung mit den Helvetiern ist 13,4 überhaupt die erste Stelle, an der das Wort *bellum* deutlich verwendet wird. Die Stellen vorher sind: 1,3: die Belger führen Krieg mit den Germanen; 1,4: die Helvetier führen Krieg mit den Germanen; 2,4: die Helvetier sind *bellandi cupidi*.

Mit Geschick hat Caesar sonst bisher Ausdrücke verwendet, die im ‚Vorfeld' des offiziell erklärten Krieges (d. i. *bellum)* liegen:

7,5: *temperaturos ab iniuria et maleficio;*
8,3: *si* vim *facere conentur,* prohibiturum *ostendit;*
8,4: *repulsi;*
10,3: *ire contendit;*
10,5: *exercitum ducit;*
12,3: *adgressus*... *concidit;*
12,6: *calamitatem;*
12,7: *proelio.*

Eine Vorbereitung ist 10,2, wo die Helvetier – jetzt im Zusammenhang ihres Verhaltens gegenüber römischen Verbündeten – *homines bellicosos* heißen.

Auch an Stellen, wo es nahegelegen hätte – z. B. der Erwähnung des Cassianischen Krieges 7,4 und 12,5 – hat Caesar das Wort *bellum* vermieden. Erst jetzt, unmittelbar bevor Divico vom aktuellen Krieg zwischen Helvetiern

---

[25] Vgl. Georges (s. o. S. 3, Anm. 1) I Sp. 270 unter *ago 5 a:* „dieser äußerte gegen Caesar".

und Römern spricht, heißt auch der frühere Krieg Krieg: *bello Cassiano* 13,2.
So wird also sogar die offizielle Kriegserklärung dem Gegner zugeschanzt. Nicht Caesar und die Römer, sondern Divico und die Helvetier nehmen das Wort als erste in den Mund. Zumindest kann man sagen, daß Caesar es geschickt hinausgezögert hat, vor seinen Lesern von einem *bellum*, einem offiziell erklärten Krieg zu sprechen. Da er ohne Senatsbeschluß Krieg führt, hat er andere Bezeichnungen gewählt und erst langsam, nachdem der Leser eingestimmt, ja eingelullt ist, kommt das Wort *bellum* heraus, verwendet vom eindeutig als kriegssüchtig gebrandmarkten Gegner (vgl. 2,4; 10,2).

Der ersten Bedingung folgt eine Aussage für die Zukunft: die Helvetier geloben für den Fall des Friedensschlusses, in ein von Caesar zugewiesenes Gebiet zu ziehen. Der zweiten Bedingung folgt ein Wunsch-(Befehls-)Satz, der den Finger in die alte Wunde römischen Stolzes legt, an den Cassianischen Krieg erinnert – in dem Divico Führer und Augenzeuge gewesen ist.
Beide Bedingungs- und beide Hauptsätze sind wirkungsvoll formuliert. Im ersten Kondizionalsatz finden sich eine *p*-Alliteration und ein Homoioptoton auf *-us*, im zweiten der zweimalige Beginn mit *per- (persequi perseveraret)* und viele *e*-Laute.
Der erste Hauptsatz teilt sich zusammen mit dem *ubi*-Satz in vier Kola mit je einem Prädikat, wobei die ersten beiden durch viele Endungen auf *-os*, die letzten beiden durch Endungen auf *-isset* klanglich wirkungsvoll zusammengehalten werden:
*si pacem populus Romanus cum Helvetiis faceret, in eam partem itur**os** atque ibi futur**os** Helveti**os**, ubi e**os** Caesar constitu**isset** atque esse volu**isset**.*
Der zweite Hauptsatz spaltet den Begriff ‚Gefährlichkeit der Helvetier' in einer wirkungsvollen Antithese zur Epimone auf: *(reminisceretur)*

et veteris incommodi	populi Romani
et pristinae virtutis	Helvetiorum.

Im folgenden wechseln weiterhin Feststellungen und Aufforderungen ab:
In § 5 will Divico Caesars Erfolg gegen den Tigurinischen Gau schmälern. Er wiederholt, was Caesar selbst schon 12,3 gesagt hat: Es war ein Überraschungsschlag, als die Tiguriner von den anderen abgeschnitten waren. Von dieser Tatsache, im *quod*-Satz formuliert, geht nun Divico aus und bekräftigt helvetisches Selbstverständnis, indem er den Wunsch des § 4 in anderer Formulierung wiederholt, als Verbot, also verneint:

§ 4		§ 5
reminisceretur		ne ob eam rem
et veteris incommodi populi Romani	———	aut suae magnopere *virtuti* tribueret
et pristinae *virtutis* Helvetiorum	———	aut ipsos despiceret

Dabei entsprechen sich
- die jeweils ersten Glieder (die Römer hatten eine Niederlage; ein Erfolg soll nicht ihrer Tapferkeit zugeschrieben werden),
- die jeweils zweiten Glieder (die Helvetier sind von altbewährter Tapferkeit; sie dürfen nicht verachtet werden),

und chiastisch
- das erste Glied des § 4 dem zweiten Glied des § 5 (die alte Niederlage der Römer darf auch bei momentaner Überlegenheit nicht zur Verachtung der Helvetier führen),
- das erste Glied des § 5 dem zweiten Glied des § 4 (die Helvetier haben Tapferkeit bewiesen, die Römer trotz eines angeblichen Sieges kaum).

Im § 7 ‚beweist' Divico seine vorherigen Ausführungen oder Wünsche mit überlieferten Verhaltensweisen. Die Helvetier kämpfen mit Tapferkeit, nicht mit Verschlagenheit. Auch

dieser Gedanke ist breit ausgeführt, erst durch den Vergleich *magis virtute quam...*, dann durch die Dihaerese *dolo contenderent aut insidiis niterentur*.
Die Berufung auf die Vorfahren hat für Römer Gewicht – Caesar wendet sie selbst gern an, z.B. 8,3.
Die Gegenüberstellung *virtus – dolus* ist ein beliebter Topos, mit dem sich der jeweils Unterlegene tröstet und sich neuen Mut macht, indem die militärische Niederlage zum moralischen Sieg wird. Umgekehrt heißt der Topos ‚Verstand contra rohe Kraft' und spielt bei Auseinandersetzungen der Römer mit Barbaren eine Rolle, etwa bei Livius 7,9,6–10,4 und gleich c. 21ff. bei Caesar selbst.
In § 7 zieht Divico die Schlußfolgerung *(quare)*: Caesar solle aufpassen, daß der Ort, an dem sie stünden, nicht ein zweiter Cassiusort werde – eine harte und böse Drohung, die jede Verhandlungsmöglichkeit zerstört.

Zur Texterschließung

Die Texterschließung kann zunächst eine Gliederung des Kapitels in Bericht (§§ 1–2) und Rede (§§ 3–7) vornehmen lassen. Für die Paragraphen 1–2 empfiehlt sich sodann eine Satzerschließung mit Gliederung in einzelne Kola und Herausarbeitung der Verbalinformationen und unterordnenden Konnektoren (vgl. zu c. 25) und mit Erarbeitung inhaltlicher Entsprechungen oder Gegensätze zwischen § 1 und § 2. Die Paragraphen 3–7 können – nach der leichten Übersetzung des Einleitungssatzes *is ita cum Caesare egit* anhand der Gliedsatz- oder Hauptsatzeinleitungen und der Hauptsatzarten gegliedert, dann im einzelnen besprochen und übersetzt werden.

Man erkennt, daß im ersten Teil die Gliedsätze den Hauptsätzen vorangehen, im zweiten Teil diesen folgen und sie nur präzisieren.

Tafelbild zur Texterschließung von Bellum Gallicum 1, 13, 3–7

Bedingung	*si pacem ... faceret*	*... ituros ... futuros*	Aussage
Bedingung	*sin bello ... perseveraret*	*reminisceretur*	Wunsch/ Befehl
Feststellung	*quod ... esset, cum ... possent*	*ne ... tribueret ... despiceret*	Verbot
Feststellung im HS	*se ... didicisse,*	*ut ... contenderent ... niterentur*	Aussage im GS
Verbot	*quare ne committeret,*	*ut ... caperet ... proderet*	Inhalt des Verbots

Kapitel 14

Das Kapitel 14 gliedert sich in zwei Teile: Antwort Caesars (§§ 1–6), Antwort Divicos (§ 7). Das auffällige Mißverhältnis der beiden Teile ließe sich damit erklären, daß Caesars Rede gleich lang wie Divicos erste Rede (13,3–7) ist. Aber innerhalb des Kapitels 14 bleibt die verschiedene Länge bestehen. Sie erklärt sich aus der Absicht des Kapitels. Caesar will Divicos Bramarbassieren und Drohen als unbegründet und unfundiert zurückweisen und macht aus der äußeren Niederlage im Cassianischen Krieg einen moralischen Sieg der Römer. Und er will deutlich herausarbeiten, daß die Helvetier am neuerlichen, bevorstehenden Krieg schuld sind und eine Niederlage verdient haben.
Die Antwort Caesars ist denkbar kurz eingeleitet: *his Caesar ita respondit*. Sie ist ebenfalls in indirekter Rede wiedergegeben. Bereits der erste Satz ist stark untergliedert und mit

vielerlei Konnektoren, insbesondere Vor- und Rückverweisen versehen: *eo (min)us* (auch die Komparativendung ist ja ein Verweis) ..., *quod eas res* ..., *quas* ..., ..., *atque eo -ius* ..., *quo (min)us* ...
Zwei mit *atque* verbundene Sätze bewegen sich voran und zurück. Im ersten Teil jeden Satzes wird jeweils eine Steigerung mit *eo* begonnen. Diese Steigerung geht beim ersten Mal formal ins Negative *(eo minus)*, beim zweiten Mal formal ins Positive *(eo gravius)*.
Das erste Mal wird Caesar als Dativ-Objekt *sibi* genannt, dem Komparativ *minus* folgt ein Genitivus partitivus *(dubitationis)*, der Ausdruck ist Subjekt des A.c.i., die Verbalinformation steht im Passiv. Das zweite Mal wird Caesar gar nicht mehr genannt, obwohl er Subjekt des A.c.i. ist, der Komparativ *(gravius)* ist adverbiale Bestimmung, die Verbalinformation ist aktivisch *(ferre)*.
Beim ersten Mal folgt dem Hauptsatz ein Kausalsatz, der durch einen Attributsatz unterbrochen wird und zum Steigerungsbegriff des Hauptsatzes *minus dubitationis dari* eine Art Gegenbegriff nennt: *memoria teneret*; dieser Gegenbegriff nimmt gleichzeitig das Prädikat des ersten Attributsatzes *commemorasset* auf. Das zweite Mal folgt dem Hauptsatz ein Vergleichssatz ohne Unterbrechung und ohne Wiederholung oder Gegenbegriffe (außer *minus* im Gegensatz zu *gravius)*; er enthält also neue und nachdrückliche Informationen: Caesar weist von vornherein jeden Gedanken an eine römische Schuld an der Niederlage in der Cassianischen Schlacht zurück *(quo minus merito populi Romani accidissent)*.
Dieses Thema zeigt sich nun in dem folgenden Paragraphen, dessen Wortfeld den Begriff *meritum* weiter ausführt: *alicuius iniuria sibi conscius fuisse ... neque commissum a se intellegeret, quare timeret, neque sine causa timendum putaret*. Nach den Aspekten ‚Wissen/Zweifeln' und ‚schmerzlich Empfinden' wird dieses Thema nun unter den neuen Gesichtspunkt ‚Vorsicht/Täuschung' gestellt *(cavere/deceptum)* und zweimal in einem Ursache-Folge-Verhältnis dargestellt: einmal in der Reihenfolge a) Kondizionalsatz, b) Folge-(Haupt-)satz als Irrealis der Vergangenheit; einmal in der Reihenfolge a) kurzer Hauptsatz (ohne Nennung des Subjekts und nur mit Nennung des Faktums im Passiv – *deceptum* – im Vorverweis *eo)*, b) kausaler Relativsatz (der auf *eo* bezogen ist); dieser kausale Relativsatz drückt erneut zweimal ein Ursache-Folge-Verhältnis aus:

neque commissum a se	*intellegeret,*	*quare timeret*	
neque sine causa		*timendum*	*putaret.*

Die zwei Großglieder des *quod*-Satzes drücken zwar jedesmal erst die Ursache *(commissum/sine causa)*, dann die Folge aus *(quare timeret/timendum)*, und beidesmal kann man den Ausdruck des Fürchtens als Objekt ansehen *(timendum* sc. *esse* als Objekt zu *putaret, quare timeret* als Objekt zu *commissum* – es sei denn, man wollte traditionell ein *quid* als (Akkusativ-)Subjekt zu *commissum* ergänzen –); andererseits ist die Abfolge von übergeordnetem Prädikat und Objekt einmal Prädikat *(intellegeret)* – Objekt *(quare timeret)*, einmal Objekt *(timendum)* – Prädikat *(putaret)*. So kommen die beiden Ausdrücke für ‚Fürchten', die beiden Formen von *timere*, in enge Nähe, die Ausdrücke für ‚Erkennen und Einschätzen' in größeren Abstand. Parallelismus und Chiasmus sind miteinander verbunden, wobei der Chiasmus nicht nur grammatikalisch, sondern auch inhaltlich ist. Caesar weist *jede* Möglichkeit der Angst und Vorsicht zurück. Die Römer hatten ihm zufolge objektiv nichts getan, weswegen sie hätten Angst haben müssen, noch sahen sie subjektiv Anlaß zur Angst. Allen Ernstes wird in den beiden Sätzen behauptet, Unrechtsbewußtsein hätte zu erhöhter Vorsicht gegenüber Angriffen, das Bewußtsein der eigenen Unschuld habe zu Angstfreiheit geführt. Will Caesar damit dem Pazifismus das Wort reden oder gerade zeigen, wie riskant er ist? Sonst zeigt er seine Vorsicht und Planung, und kein Römer ist den Begründungen von Verteidigungs-, Schutz- und Vorsorgemaßnahmen unzugänglich. Im Gegenteil, Caesar begründet seine Überfälle und kriegerischen Maßnahmen

nicht immer mit bereits erfolgten feindlichen Aktionen, sondern auch mit drohenden Gefahren (z. B. 1,7,5; 8,2; 10,2–3).
Es gehört zur Aufgabe des Feldherrn und Politikers, Gefahren vorauszusehen und zu vermeiden, im Ansatz zurückzudrängen. Wenn Caesar daher hier ganz anders argumentiert, so deshalb, weil er hier Sprecher der Nation sein will, einen Knick im Nationalbewußtsein beheben, den Zorn aller Leser auf die Helvetier lenken will. Dafür spricht, daß er nicht von Cassius spricht, sondern erst von sich und dann vom ganzen römischen Volk. Er befreit es hier gleichsam von einer Kollektivschande.
Die innerliche Gleichsetzung seiner Person und des römischen Volkes und die Überspielung der brüchigen, ja windigen Argumentation gelingt Caesar mit den vielen Doppelungen, die allmählich die Akzente verschieben:

eo sibi minus dubitationis dari, mangelnde Unsicherheit Caesars	*quod eas res memoria teneret,* Caesars Erinnerung und Wissen
atque eo gravius ferre, Leiden Caesars	*quo minus merito populi Romani accidissent.* Schuldlosigkeit des römischen Volkes
qui si alicuius iniuriae sibi conscius fuisset, Schuldbewußtsein des römischen Volkes	*non fuisse difficile cavere.* hätte zu Vorsicht geführt.
sed eo deceptum, Täuschung des römischen Volkes	*quod neque … timeret* weil Angstgrund objektiv nicht vorlag *neque sine causa timendum putaret.* und weil entsprechend auch subjektiv keine Veranlassung zu Angst gesehen wurde.

Bisher hat Caesar die Niederlage des Cassius, die 12,5 noch deutlich beschrieben worden war (*… interfecerat … sub iugum miserat),* nur umschrieben. In c. 13 war zwar vom *bellum Cassianum* die Rede gewesen (13,2), auf die Niederlage hatte aber auch Divico nur mit der Umschreibung *veteris incommodi* angespielt (13,4).
In Kapitel 14 wird die Umschreibung zunächst noch vager: *eas res, quas legati Helvetii commemorassent.* In 14,3 verwendet dann Caesar einen emotional gefärbten Ausdruck, der ganz in seine Argumentation paßt: Überfall und der Sieg der Helvetier sind reiner Mutwille, die Römer haben eine schmachvolle Behandlung erfahren, die sie nicht verdienten. So spricht Caesar von der *vetus contumelia.* Er ordnet diesen Ausdruck in eine Hypothese ein: Wenn das römische Volk diese alte Schmähung einmal vergessen wolle … Er leitet diese Hypothese nicht mit *si*, sondern mit *quodsi* ein; versuchsweise erfolgendes Vergessen der Schmähung und viele neue Unrechtshandlungen der Helvetier *(iniuriae)*, die eigentlich als eine einzige Haltung dargestellt werden könnten, hier aber als einzelne Unrechtsfälle in vier *quod*-Sätzen formuliert werden, werden sprachlich durch *quod* gleichgesetzt.

Der Marsch durch die Provinz, durch Haeduer-, Ambarrer- und Allobrogergebiet wird mit dem alten Sieg der Helvetier über die Römer gleichgesetzt. Wiederum ist es erstaunlich, daß Caesar hier anders als sonst argumentiert und die Römer und andere Völker als Leidtragende der helvetischen Angriffe gleichsetzt, statt die besondere Stellung der Römer zu betonen. Einzig in *eo invito* zeigt sich, daß die Römer vorher gefragt sein wollen, wenn andere Völker etwas tun. Wieder läßt Caesar das römische Volk sprechen, seine eigene Person wird mit dem römischen Volk identisch: Formal meint *eo* das römische Volk; bei Bezug auf Caesar müßte – nach den Regeln der indirekten Reflexivität in innerlich abhängigen Sätzen (zu denen ja die indirekte Rede gehört) – *se* stehen. Aber das römische Volk ist am Ende des § 1 ausdrücklich erwähnt worden *(populi Romani)*, dann nur noch in Personalendungen und Pronomina *(qui ... sibi conscius fuisset, ... a se intellegeret, ... timeret, ... putaret)*. Zudem war das Pronomen beim A.c.i. ausgelassen worden *(deceptum ...)*, so daß dieser A.c.i. mit dem früheren, in dem das Pronomen für Caesar ausgelassen war, gleichgestellt wurde *(gravius ferre)*.

Ebenso wie die unklare Verwendung der Pronomina und Verweise setzt sich in § 3 das moralisch wertende, die Helvetier als unverschämte, mutwillige Angreifer charakterisierende Vokabular fort, das mit *merito* (§ 1) auf seiten der Römer begonnen hat und nun voll die Helvetier trifft: *veteris contumeliae, per vim temptassent, ... vexassent*.

Im folgenden Satz (§ 4) ergibt sich dasselbe Bild: Fortsetzung der *quod*-Sätze *(quod ... quodque ...)*, Unklarheit, ob Caesar oder das römische Volk urteilt, durch Verwendung eines unpersönlichen Ausdrucks *(eodem pertinere)*; moralisch wertendes Vokabular *(tam insolenter, admirarentur)*. Auf *memoriam deponere posse* aus dem vorigen Satz verweist Caesar mit *eodem pertinere*, über das man leicht hinwegliest, ohne es konkret mit Inhalt zu füllen. Und die verwaschene Verwendung der Pronomina in den vorigen Sätzen erleichtert ihm die Behauptung, das römische Volk könne nicht vergessen, daß sich die Helvetier ihres Sieges im Cassianischen Krieg so unverschämt rühmten. Davon kann das römische Volk nämlich eigentlich noch nichts wissen, denn die unverschämte Rühmung hat Divico ja eben erst im Gespräch mit Caesar vorgenommen (13,4). So vermischen sich Caesar und das römische Volk zu einem einheitlichen Akteur, und tatsächliche Aktion und Darstellung der Aktion vermischen sich zu einer neuen zeitlichen und kausalen Abfolge.

So wird auch der Übergang zur Erläuterung undeutlicher, warum das römische Volk nicht so leicht vergessen kann, daß sich die Helvetier ihres Sieges im Cassianischen Krieg so unverschämt rühmen. Die sich anschließende Erläuterung (§ 5: *enim)* bringt sodann die moralische Bewertung des helvetischen Verhaltens bedenkenlos mit göttlichem Walten in Verbindung. Das Bedenkenlose liegt nicht in der Erwähnung der Götter an sich. Die langfristig planenden, erst den Menschen erhebenden und dann um so tiefer stürzenden Götter sind ja bereits Bestandteil des griechischen pessimistischen Lebensverständnisses, wie die Vorstellungen vom Götterneid und der menschlichen Hybris etwa bei Herodot (1,29–32) zeigen. Aber daß diese Erwähnung eine Begründung für das Vorige sein soll, erscheint dem heutigen Leser eine bedenkenlose Anmaßung. Daß das römische Volk die Untaten der Helvetier nicht vergessen könne, wird ja hier mit dem langen Zuwarten der Götter begründet und gleichgesetzt. Damit wird das römische Volk, das bereits mit Caesar zu einer Einheit verschmolzen wurde, zum auserwählten Werkzeug der Götter, Caesar wird der ‚Engel mit dem Flammenschwert'[26].

Danach kann Caesar in der Rolle des scheinbar gnädig an Verzeihung Denkenden harte Unterwerfungsforderungen stellen – wie die griechischen Götter und wieder in einer Formulierung, die nicht unterscheiden läßt, ob Caesar oder das römische Volk gemeint ist: *cum ea ita sint* ... Der Satzbau macht die Verklausuliertheit überdeutlich: Konzessivsatz, *tamen* als Einleitung des Hauptsatzes, erster Kondizionalsatz, darauf bezogener Finalsatz mit eingebettetem Attributsatz, zweiter, durch *et* angereihter Kondizionalsatz mit eingebettetem Attributsatz und ohne Prädikat, dritter, mit *item* angereihter Kondizionalsatz mit gemeinsamem Prädikat des zweiten und dritten Kondizionalsatzes, Hauptsatz.

Divicos Antwort geht – wenigstens in Caesars Darstellung – nicht auf die Winkelzüge und Unklarheiten in Caesars Rede ein. Sie beantwortet nur seine Unterwerfungsforderung, ebenso hochfahrend wie Caesar selbt, jedoch nicht in seiner Verklausulierung und Ausführlichkeit; dadurch wirkt sie direkter und emotionaler: *ita Helvetios a maioribus suis institutos esse, uti obsides accipere, non dare consuerint; eius rei populum Romanum esse testem.* Er spricht offenbar das römische Volk direkt an, nicht Caesar, und fordert so das gesamte römische Volk heraus. Durch die Wiederholung der Vorhaltung aus 13,4 erweckt er zudem – in Caesars Darstellung – den Eindruck,

[26] Vgl. dazu oben S. 45f. und S. 46, Anm. 21.

daß er nichts dazugelernt hat, nichts hinzulernen kann, Caesars Rede umsonst war. Divico bekommt damit die Schuld am Fortgang der Ereignisse aufgehalst.

Zur Texterschließung und Bearbeitung des Kapitels 14

Das Kapitel 14 ist für Schüler, die weder textgrammatisch noch satzgrammatisch geschult sind, schwierig. Es ist überhaupt – wie die vorangegangene Darstellung gezeigt hat – in Satzbau und Aussage bewußt kompliziert und verschleiert gestaltet. Daher könnten statt des üblichen Weges der Texterschließung und der Übersetzung in vielen Fällen auch einmal zwei andere Wege denkbar sein, das Kapitel im Unterricht zu bewältigen:
(1) Das Kapitel wird erschlossen, dann aber vom Lehrer übersetzt. Vielen Schülern gelingt es nämlich, den Inhalt zu erarbeiten, es gelingt ihnen jedoch nicht, den komplizierten Satzbau ins Deutsche umzusetzen – erst recht dann nicht, wenn nicht alle Verweise gedeutet sind, was – wie gezeigt – in diesem Kapitel schwierig ist. Für die Erschließung ist die Erarbeitung von Satzabbildungen nach dem Einrücksystem[27] bzw. eine Textvorlage nach dem Muster (s. unten) hilfreich. Sodann können Satz für Satz die syntaktischen Verhältnisse besprochen und die vielen Verweisformen und semantischen Wiederaufnahmen erarbeitet werden.
(2) Das Kapitel wird von Anfang an zweisprachig (mit Übersetzung) bearbeitet. Zunächst wird die deutsche Übersetzung gelesen. Schon sie wird als schwierig empfunden werden. Die Frage nach den Gründen für die Verständnisschwierigkeiten führt auf die Verklausuliertheit, den Gliedsatzreichtum, die auffälligen Anaphern von *quod* und *si*. Von der Übersetzung dieser Sätze (§§ 3 und 6) kann man auf die Problemstellung (‚Caesar will Krieg führen, aber den Helvetiern die Alleinschuld geben') und auf das jeweils vor den beiden Paragraphen Stehende kommen: das alte Unrecht *(veteris contumeliae)* gegenüber dem neuen *(recentium iniuriarum*, § 3) und die Unverschämtheit der Helvetier *(insolenter*, § 4) gegenüber der ‚Gnade' der Römer (§ 6). Danach kann die Untersuchung des Pronomengebrauchs (einschließlich ausgelassener Pronomina) und der Personalendungen, außerdem der Satzanschlüsse (z. B. *enim)* die Verquickung aufzeigen, die das Kapitel zwischen dem römischen Volk, Caesar und den Göttern herstellt.

Bellum Gallicum 1, 14, 1–6, nach dem Einrücksystem dargestellt

HS	His Caesar ita respondit:		
HS	eo sibi minus dubitationis dari,		
GS_1		quod eas res,	
GS_2			quas legati Helvetii commemorassent,
GS_1		memoria teneret,	
HS	atque eo gravius ferre,		
GS_1		quo minus merito populi Romani accidissent.	
GS_1		qui si alicuius iniuriae sibi conscius fuisset,	
HS	non fuisse difficile cavere;		

[27] Vgl. dazu oben S. 27, Anm. 16.

HS	sed eo deceptum,
GS_1	quod neque [commissum a se] intellegeret,
GS_2	quare timeret,
GS_1	neque [sine causa timendum] putaret.

GS_1	quod si veteris contumeliae oblivisci vellet,
HS	num etiam recentium iniuriarum,
GS_1	quod [eo invito] iter per provinciam per vim temptassent,
GS_1	quod Haeduos,
GS_1	quod Ambarros,
GS_1	quod Allobroges vexassent,
HS	memoriam deponere posse?

GS_1	quod sua victoria tam insolenter gloriarentur
GS_1	quodque [tam diu se impune iniurias tulisse] admirarentur,
HS	eodem pertinere.

HS	consuesse enim deos immortales,
GS_1	quo gravius homines ex commutatione rerum doleant,
GS_2	quos pro scelere eorum ulcisci velint,
HS	his secundiores interdum res et diuturniorem impunitatem concedere.

HS	tamen,
GS_1	si obsides ab iis sibi dentur,
GS_2	uti [ea,
GS_3	quae polliceantur,
GS_2	facturos] intellegat,
GS_1	et si Haeduis de iniuriis,
GS_2	quas ipsis sociisque eorum intulerint,
GS_1	item si Allobrogibus satisfaciant,
HS	sese cum iis pacem esse facturum.

Kapitel 15–20

Die Kapitel 15–26 sind mit vielerlei Zeitangaben versehen und so deutlich gegliedert. Zu den Kapiteln 21–26 vergleiche man S. 75–88. Die Kapitel 15–20 haben die folgende zeitliche Gliederung: *postero die* (15,1); dann Darstellung im szenischen Präsens: (1) *castra ... movent, idem facit Caesar equitatumque ... praemittit ...*, (2) *qui ... insecuti ... proelium committunt, et pauci ... cadunt; quo proelio sublati* (15,3); dann Darstellung im narrativen Perfekt: *nostros lacessere coeperunt* (15,3) und Hintergrunddarstellung im Imperfekt (§ 4: *Caesar suos a proelio continebat ac satis habebat ...*); dann erneute Zeitangabe: *ita dies circiter quindecim iter fecerunt ...*

In diese Darstellung des fünfzehntägigen Marsches mit geringem Abstand zwischen helvetischer Nachhut und römischer Vorhut wird sodann ein langer Bericht über ein diplomatisches Zwischenspiel von größerer Länge eingeschaltet, beginnend mit *interim cotidie Caesar Haeduos frumentum flagitare* (16,1). Dieses Zwischenspiel umfaßt die Kapitel 16–20.

Erst in c. 21,1 wird der Faden von 15,6 wieder aufgenommen und davon berichtet, daß Caesar die Nachricht erhält, die Helvetier hätten am Fuße eines Berges Halt gemacht.

Das Hintereinanderhermarschieren wird also in 15,5 in einem Satz abgehandelt, und die Erzählzeit ist somit wesentlich kürzer als die erzählte Zeit. Hingegen nimmt die Darstellung der Verhandlungen mit den Haeduern, mit Liscus, Diviciacus und Dumnorix, in den Kapiteln 16–20, die ja *interim*, also während dieser 15 Tage erfolgen, einen viel größeren Raum ein, und die Erzählzeit suggeriert hier gleiche Länge mit der erzählten Zeit. Man spürt einfach durch die Länge und Ausführlichkeit, worauf es Caesar ankommt: nicht auf ein bloßes Militärtagebuch, sondern auf Politik, auf Selbstdarstellung, auf Leserbeeinflussung.

Die Darstellung der Verhandlungen mit den Haeduern ist folgendermaßen zeitlich und sachlich gegliedert:

16,1: *interim cotidie Caesar Haeduos frumentum ... flagitare:* Kennzeichnung der Einschaltung eines anderen Erzählstranges; Darstellung im sogenannten historischen Infinitiv, der den Vorgang substantivisch, ohne Personalendung und ohne Kennzeichnung der Zeit, also ‚an sich' kennzeichnet und somit hervorhebt.

16,2: *nam ... non modo frumenta ... matura non erant, sed ne pabuli quidem ... copia suppetebat:* Begründung im Imperfekt, das den Hintergrund darstellt.

16,3: *eo autem frumento ... minus uti poterat ...*: Fortsetzung der Begründung mit *autem*, das einen Fortschritt in der Darstellung mit leichtem Gegensatz signalisiert.

16,4: *diem ex die ducere Haedui: ... dicere:* Fortsetzung des in § 1 begonnenen Berichts im historischen Infinitiv, asyndetisch formuliert, dadurch lakonisch kurz, dem Leser eine Verbindung der Mitteilungen überlassend.

16,5–6: *ubi ... intellexit, ..., convocatis eorum principibus, quorum ... habebat – in his ..., qui ... praeerat, quem vergobretum appellant Haedui, qui creatur ... et ... habet ...–*, (6) *graviter ... accusat, quod ...*: Zeitabschnitt *(ubi)* und Darstellung einer neuen Handlung erst in eingebetteter Form *(convocatis)*, dann im szenischen Präsens *(accusat)* – dazwischen sind viele Erläuterungen im Imperfekt und im Präsens eingeschoben.

16,6: *multo ... gravius queritur:* steigernde Fortsetzung der Darstellung im szenischen Präsens.

17,1: *tum demum Liscus ... adductus ... proponit:* Zeitfortschritt, Darstellung eines Vorgangs in einer eingebetteten Information und einer Handlung des Liscus im szenischen Präsens.

17,1–6: Wiedergabe der Eröffnungen des Liscus in indirekter Rede.

18,1: *Caesar hac oratione Lisci Dumnorigem ... designari sentiebat, sed quod ... nolebat, celeriter concilium dimittit, Liscum retinet:* Subjektwechsel, Hintergrundschilderung im Imperfekt, Fortgang der Handlungsdarstellung von 17,1 *(proponit)*, weiterhin im szenischen Präsens.

18,2: *quaerit ex solo ..., dicit liberius ..., ea-*

dem secreto ... quaerit, reperit esse vera: Fortgang der Handlungsdarstellung im szenischen Präsens mit zweifachem Subjektwechsel und in kurzen Sätzen, die die mehrfache Informationssammlung bis hin zum Untersuchungsergebnis schildern.
18,3–10: Wiedergabe der Untersuchungsergebnisse in Sätzen der indirekten Rede.
19,1: *quibus rebus cognitis cum ... certissimae res accederent ..., satis esse causae arbitrabatur ...*: Zusammenfassung des c. 18 in der eingebetteten Mitteilung *quibus rebus cognitis*; Erwähnung neuer Informationen in einer weiteren eingebetteten Mitteilung *(cum ...)* mit vielen Untergliederungen *(quod ...)*; sodann Hintergrundschilderung (Imperfekt *arbitrabatur)* für das Folgende, ebenfalls mit Untergliederungen *(quare aut ... aut ...)*.
19,2: his omnibus rebus unum repugnabat, quod ... cognoverat: Zusammenfassung des Vorigen in *his omnibus rebus*, weiterhin als Hintergrundschilderung (Imperfekt); Gegenüberstellung eines Gegengrundes, der im *quod*-Satz mit resultativem Plusquamperfekt konkret genannt wird.
19,2: *nam, ne ... offenderet, verebatur:* Begründung des Vorigen, weiterhin als Hintergrundschilderung im Imperfekt.
19,3–5: *itaque ... iubet et ... interpretibus remotis ... conloquitur; simul commonefacit ... et ostendit ... petit atque hortatur ...*: Schlußfolgerung, Ergebnis der vorherigen Handlungen und Hintergrundüberlegungen; mehrere Aktionen, die im szenischen Präsens, einmal als eingebettete Information (die nicht so wichtig ist wie die anderen und nicht auf gleicher Stufe wie diese steht), formuliert werden.
20,1: *Diviciacus ... complexus coepit ...*: Subjektwechsel, Handlungsfortschritt (narratives Perfekt mit vorgeschalteter, eingebetteter Information).
20,2–4: Darstellung der flehentlichen Bitten des Diviciacus in indirekter Rede.
20,5: *haec cum ... flens ... peteret, Caesar ... prendit:* Nach Zusammenfassung des Vorigen in einem *cum*-Satz mit eingebetteter Information Handlungsfortschritt im szenischen Präsens.
20,6: *Dumnorigem ad se vocat, fratrem adhibet ... ostendit; ... proponit; monet ...; ... dicit. ... ponit ...*: Darstellung weiterer Handlungen im szenischen Präsens und in vielen kurzen Sätzen – zum Teil mit eingebetteten Informationen – mit ähnlicher Wirkung wie die kurzen Sätze in 18,2 und 16,4.

Kapitel 15

Das Kapitel 15 ist ein Übergangskapitel. Zwischen der Darstellung der Verhandlungen mit Divico (c. 13–14) und denen mit verschiedenen Haeduern (c. 16–20) soll die Erinnerung wachgehalten werden, daß sich Caesar ja in kriegerischen Auseinandersetzungen mit den Helvetieren befindet, die in 8,4 und 12,2–3 erste Höhepunkte gefunden haben und in den Kapiteln 21–27 zur Niederlage der Helvetier eskalieren. Hier wie an anderen Stellen zeigt sich, wie verschlungen, wie unterbrochen, wie wenig auf das bloße Kriegsgeschehen ausgerichtet Caesars Darstellung des *bellum Helveticum* ist. Dies kann durch ein Schaubild der Handlungs- und Darstellungsabläufe verdeutlicht werden, wie es S. 97–98 vorgestellt wird.
Die Darstellung des Kapitels 15 lebt vom häufigen Wechsel des Subjekts: Caesar wird den Helvetiern gegenübergestellt, seine Maßnahmen und Haltungen werden mit denen der Helvetier – unausgesprochen – verglichen.
Das Kapitel beginnt mit einer Zeitangabe, die den Erzählfortschritt markiert: *postero die*. Subjekt sind, wie in Divicos Rede 14,7, die Helvetier, die in der Prädikatsendung *-nt* wieder aufgenommen werden. Neue Information ist *ex eo loco* (gemeint der 13,7 in Divicos Rede mit bösen Drohungen umhängte Ort) *move-* ...
Der zweite Satz korrespondiert dem ersten von der Seite Caesars her: *idem facit Caesar*. Mit dem einfachen *-que* fügt aber (der Erzähler) Caesar eine zusätzliche Maßnahme (des Akteurs) Caesars an: *equitatumque om-*

nem ... praemittit; die Darstellung dieser zusätzlichen Maßnahme wird durch zwei Attributsätze erläutert; der erste Attributsatz im Indikativ schildert, wie groß die Reiterei ist, macht also den Umfang der Maßnahme deutlich; und er schildert – was für Römer selbstverständlich war –, daß die Reiterei wie üblich aus Nichtrömern besteht; der zweite Attributsatz im (finalen) Konjunktiv schildert das Ziel der Maßnahmen: genaue Erkundung der Wegrichtung des Gegners.

Die Paragraphen 2–3 schildern nun Ereignisse, die erst außerhalb von Caesars Gesichtskreis spielen, dann sich diesem wieder nähern: Die Reiterei gerät in ein Gefecht mit der helvetischen Nachhut und verliert einige Leute, die Helvetier beginnen daraufhin, mit ihrer Nachhut den römischen Heereszug zu provozieren. Gefecht und Niederlage der Reiterei, die ja nicht aus Römern besteht, werden entschuldigt und herabgespielt: entschuldigt mit den Zusätzen *cupidius insecuti (insequi* ist ja ihr Auftrag und der Komparativ ohne Vergleichspunkt relativiert die Aussage) und *alieno loco;* herabgespielt durch *pauci de nostris cadunt*. Durch die Formulierung *de nostris* (statt etwa *de iis* oder *eorum)* wird im Leser Mitgefühl und Erleichterung zugleich geweckt.

Die Provokationen der Helvetier werden mit einer Hochstimmung begründet: *quo proelio sublati*. Die Hochstimmung wiederum wird objektiv begründet: Sie haben einen übermächtigen Gegner vertrieben. *(Tantam* muß objektiv gemeint, kann keine Ironie sein, denn Caesar schließt sich, wie der Indikativ *propulerant* zeigt, der Meinung der Helvetier an und hat vorher selbst die Größe der Reiterei hervorgehoben.) Daß sich aber die Helvetier nun zu Provokationen hinreißen lassen, wird gelassen-ironisch dargestellt: *audacius subsistere nonnumquam;* der Komparativ *audacius* relativiert wieder die Aussage, und *audax* zeigt eine den Helvetieren unangemessene, ja schädliche Haltung; *subsistere* meint zunächst nur, daß die Nachhut Halt macht und die hinterher marschierende römische Vorhut näher herankommen läßt; also: das Stehenbleiben erfolgt etwas kühner oder kecker; und das nachklappernde *nonnumquam* schränkt dies noch einmal überraschend ein.

§ 4 schildert dazu im Gegensatz die zügelnde Haltung Caesars.

§ 5 faßt die Situation zusammen: Die Römer ziehen im Abstand von ca. 5–6 Meilen hinter den Helvetiern her.

Das *Tafelbild* kann die Ausdrücke für die Helvetier und für Caesar und die Aktionen auf beiden Seiten festhalten. Aktionen, die die beiden Parteien näher aneinanderbringen, werden eingerückt und mit gestrichelten Linien versehen. Die Ausdrücke für ‚Kampf' und ‚Abwehr' stehen in der Mitte. Der kämpferische Zusammenprall wird mit durchgezogenen Linien gekennzeichnet, das Hindern und der Wegabstand mit durchbrochenen Linien und einer ‚Barriere'. (Vgl. Abb. S. 61.)

Zur Texterschließung

Die Texterschließung kann den Wechsel der Subjekte und das Hin und Her der Aktionen verfolgen sowie die Wortfelder ‚Helvetier', ‚Römer/Caesar', ‚Marsch', ‚Kampf', ‚Heer'.

Kapitel 16

Durch *interim* wird angezeigt, daß jetzt ein Geschehen berichtet wird, das parallel zur Verfolgung des helvetischen Heerzuges ist, die 15,5 dargestellt wurde. Mit dem nächsten Wort wird die Intensität und Häufigkeit des Parallelvorgangs betont: *cotidie*. Erst dann wird – alliterierend – der Akteur Caesar genannt, sodann die personale *(Haeduos)* und die sachliche Zielrichtung *(frumentum)* seiner Aktion. Die Sache wird durch einen Attributsatz erläutert. Dieser zeigt, daß Caesar die Haeduer an eine vertragliche Verpflichtung

Tafelbild zu Bellum Gallicum 1, 15

Caesar marschiert hinter den Helvetiern her

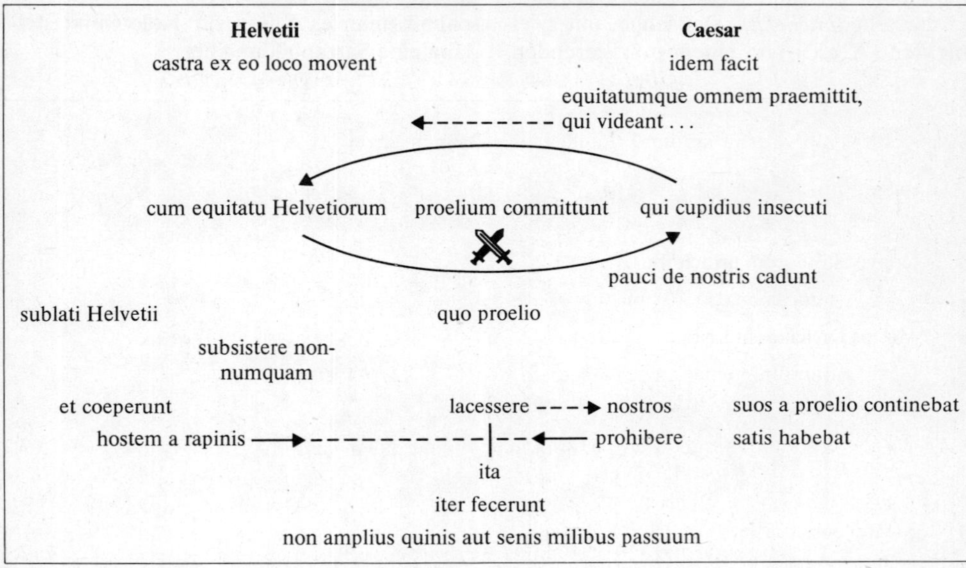

erinnern muß und daß er somit etwas Selbstverständliches fordert. Die Wortstellung hebt dies durch die Endstellung von *polliciti*, durch die Alliteration *publice polliciti* und durch den eher steigenden Rhythmus hervor: *quŏd ĕssēnt pūblĭcē pōllĭcĭtī*. Am Schluß des Satzes steht die Aktion selbst, im historischen Infinitiv ohne Personalendung und ohne Tempuszeichen, nominal und so monumental wirkend: *flagitare*.

Die §§ 2–3 erläutern, warum Caesar so dringlich die Getreidelieferungen fordert und sich im Moment auf die haeduischen Lieferungen statt auf den eigenen Nachschub stützen will. Der Eindruck, er habe nicht genau vorausgeplant, wird tunlichst ausgeschlossen. In diesen beiden Sätzen herrschen naturgemäß die Wortfelder ‚Nahrung' *(frumenta, pabuli, frumento)*, ‚Menge' *satis magna copia, suppetebat)* und ‚Vorhandensein' *(matura non erant, suppetebat, subvexerat, uti)* vor.

Mit § 4 wird an § 1 angeschlossen, was sich auch in der wiederholten Verwendung des ‚historischen Infinitivs' zeigt; *diem ex die* nimmt *cotidie* wieder auf; die Haeduer, in § 1 Objekt, sind jetzt Subjekt; *ducere* steht im Gegensatz zu *flagitare* und *polliciti essent*. Daß die Haeduer die Lieferung Tag für Tag verzögern, wird sodann anders beschrieben: „Es werde zusammengebracht, es werde zusammengetragen, es sei da, sagten sie." Dieser Satz wiederholt den Inhalt des vorigen Satzes in anderer Form, so daß eine Epimone entsteht. Gleichzeitig endet er wie der vorige Satz mit einem ‚historischen Infinitiv', wobei der Wechsel von *ducere* zu *dicere* eine Paronomasie bewirkt. War der erste Satz des § 4 durch die *d*-Alliteration geformt, so ist der zweite Satz durch die Klimax *conferri, comportari, adesse* gegliedert.

In den §§ 5–6 nimmt Caesar zunächst die Begriffe aus dem Vorangegangenen wieder auf: *duci* (jetzt deutlich auf ihn bezogen: *se duci*, und wieder mit Alliteration: ***d**iutius **d**uci); diem* (durch die sofort folgende Erläuterung *quo die* ... als ein anderer Tag gekennzeichnet als die Tage, die die Haeduer hinzogen); *frumentum*.

Die wiederaufgenommenen Begriffe sind in einen langen, mit *ubi* eingeleiteten Temporalsatz eingeordnet, der das vorher Geschilderte zusammenfaßt, gleichzeitig die Dringlichkeit erhöht *(**diutius** duci, diem **instare**, quo die ... oporteret)* und dies als Erkenntnis Caesars darstellt *(intellexit)*. Der lange, mit zwei Objekten (A.c.i.) und einem präzisierenden Attributsatz mit einem weiteren A.c.i. versehene Temporalsatz ist die Ouvertüre zu einem umfangreichen Satzgefüge. Am besten erschließt man es Kolon für Kolon und stellt dann eine Satzabbildung her:

GS_1	ubi [se diutius duci] intellexit et [diem instare,]
GS_2	quo die frumentum militibus metiri oporteret,
HS	[convocatis eorum principibus,]
GS_1	quorum magnam copiam in castris habebat,
HS	– in his Diviciaco et Lisco,
GS_1	qui summo magistratui praeerat,
GS_2	quem vergobretum appellant Haedui,
GS_3	qui creatur annuus et vitae necisque in suos habet potestatem, –
HS	graviter eos accusat,
GS_1	quod,
GS_2	cum neque emi neque ex agris sumi posset,
GS_1	tam necessario tempore, tam propinquis hostibus ab iis non sublevetur,
GS_2	praesertim cum magna ex parte [eorum precibus adductus] bellum susceperit.

Im *ubi-* und im *quo*-Satz wird man, wie gezeigt, Wiederaufnahmen aus dem Vorigen mit verdringlichenden Ergänzungen und Präzisierungen erkennen.
In den ersten beiden Teilen des Hauptsatzes wird man eine eingebettete (Ablativ + Prädikativum) und eine angehängte Erläuterung (Apposition) erkennen, die ihrerseits durch eine Fülle weiterer Erläuterungen in zwei Attributsätzen *(quorum, qui)* und zwei weiteren Attributsätzen zum zweiten Attributsatz präzisiert werden *(quem, qui)*.
Im *quod*-Satz läßt sich der Rückgriff auf vorher Dargestelltes erkennen, das jetzt kurz zusammengefaßt wird. Der im *quod*-Satz gleich zu Anfang eingeschaltete *cum*-Satz greift mit seinem zweiten Teil *neque ex agris sumi posset* auf 16,2 *(frumenta in agris matura non erant)* zurück; bezeichnenderweise läßt aber Caesar in der Argumentation gegenüber den Haeduern die Alternative aus, die er 16,3 seinen römischen Lesern selbst offenbart und als strategisch unpassend dargestellt hat *(eo ... frumento, quod ... subvexerat, ... minus uti poterat, quod iter ab Arari Helvetii averterant, a quibus discedere nolebat)*. Statt dessen setzt er der sinnenfälligen Alternative *neque ex agris sumi* die hypothetische Alternative *neque emi* voran. Durch die Anapher *tam – tam* dringlich gemacht werden die zwei Rückgriffe im *quod*-Satz selbst: vgl. 16,5: *diem instare, quo die frumentum militibus metiri oporteret* mit *tam necessario tempore,* und 15,5 *inter novissimum hostium agmen et nostrum primum non amplius quinis aut senis milibus passuum interesset* mit *tam propinquis hostibus*. Der zweite

Tafelbild zu Bellum Gallicum 1, 16

Caesar	
stellt seinen Lesern eine Notlage dar	zeigt seinen Lesern, wie er diese Lage den Haeduern darstellt
cotidie Caesar Haeduos frumentum flagitare	*convocatis eorum principibus – in his Diviciaco et Lisco, qui ..., quem ..., qui ... :* bedeutender Mann
publice polliciti: politisches Versprechen	*quod sit destitutus, queritur:* politischer Verrat
propter frigora non modo frumenta in agris matura non erant die Äcker bieten kein reifes Getreide	*neque ex agris sumi posset* *accusat* dieses Argument nennt C. sowohl den Lesern als auch den Haeduern
sed ne pabuli quidem satis magna copia suppetebat sogar Grünfutter fehlt	diese Steigerung läßt C. gegenüber den Haeduern aus
eo frumento, quod Arari subvexerat, minus uti poterat, quod iter ab Arari Helvetii averterant, a quibus discedére nolebat Getreide ist zwar besorgt; es zu holen, würde aber an der Verfolgung der Helvetier hindern	*neque emi* Hier nennt C. den Lesern ein anderes Argument als den Haeduern
diem ex die ducere Haedui se diutius duci intellexit Hinhalten, Zögern	das Hinhalten wirft C. den Haeduern nicht direkt vor
et diem instare, quo die frumentum militibus metiri oporteret der Tag der Getreidezuteilung	*tam necessario tempore* Zusammenfassung. Übereinstimmung mit dem Bericht für die Leser
	tam propinquis hostibus Steigerung gegenüber dem Bericht an die Leser *magna ex parte eorum precibus adductus bellum susceperit* scheinbare Objektivität

tam-Abschnitt greift also weiter zurück und akzentuiert um: In 15,5 ist es Caesars eigener Entschluß, in steter Nähe zu den Helvetiern zu bleiben und zu marschieren. In seinem Appell an die Haeduer (16,6) erscheint die Nähe der Feinde als eine erzwungene Notsituation, die die Haeduer verpflichtet.

Noch weiter zurück greift schließlich der abschließende *cum*-Satz, der auf der Grenze zwischen einem Kausalsatz (als solchen kennzeichnet ihn das einleitende *praesertim)* und einem Konzessivsatz steht und die im *quod*-Satz enthaltene Klage durch die Erwähnung, wem zuliebe der Krieg geführt werde, unterstreicht. Mit diesem *cum*-Satz greift Caesar auf 11,2–3 und 11,6 zurück. Der einschränkende Hinweis *magna ex parte* scheint realistisch und wahrheitsgemäß. Gerade die Einschränkung überdeckt aber, daß die Haeduerbitten wohl nicht der Hauptgrund für Caesars Krieg mit den Helvetiern sind; in 10,2 und 28,4 nennt er offen andere Gründe.

So ist die an die Haeduer gerichtete Anklagerede ein Beispiel für Auswahl und Interpretation von Tatsachen im Dienste des Redeziels. Caesar läßt seine Leser dies nachvollziehen und seinen Akteur Caesar als geschickten römischen Verhandlungsführer erleben.

Auch bei römischen Lesern könnten die vielen erläuternden Einschübe zum Stichwort *eorum principibus* das Verständnis des Satzes stören. Man kann spekulieren, was Caesar mit ihnen beabsichtigt hat. Wenn er seine Leser vom Nachvollzug seiner Argumentation hätte abbringen wollen, dann hätte er den Anklageteil ebenso kurz halten können wie den Klageteil. Also ist es wahrscheinlich, daß die vielen Erläuterungen zu den haeduischen Führern erstens die Bedeutung seiner Gesprächspartner zeigen sollen und zweitens auf der gleichen Stufe wie die vielen anderen Einschübe im *ubi*-Satz und im *quod*-Satz stehen: Es soll im Leser der Eindruck einer umfassenden und gründlichen, alle Komponenten sorgfältig abwägenden Argumentation entstehen. Dies entspricht auch dem Eindruck, den die Ausführlichkeit der §§ 2–3 machte.

Auch in c. 15 stehen somit Satzbau, Wortwiederholungen und sachliche Verschiebungen im Dienste von Caesars Willen, auf seine Leser als bestmöglicher Vertreter römischer Interessen zu wirken.

Zugleich wird durch die vielen Einschübe überspielt, daß Caesar nur einen Redebericht gegeben hat. Auf die Wiedergabe in wörtlicher oder abhängiger Rede hat er verzichtet, um konzentriert die teils parallele, teils unterschiedliche Argumentation einerseits direkt gegenüber den Lesern, andererseits gegenüber den Haeduern vorführen zu können. Aber den Eindruck, daß er lange redet, lange reden muß, will er doch erwecken, damit der Leser gespannt wird auf die Gründe für die mangelnde Hilfe der Haeduer und für die ausbleibende Selbstrechtfertigung. So dehnt er den Bericht über den Anklageteil durch die vielen Attributsätze. Und im Bericht über den Klageteil verwendet er die quantitative und qualitative Steigerung *multo etiam gravius*. Entsprechend kann er das Kapitel 17 überzeugend mit *tum demum* beginnen.

Schließlich hat sich Caesar, wie die Gestaltung des Kapitels 16 zeigt, keine Gelegenheit entgehen lassen, Spannung zu erzeugen – die Ursache der mangelnden Getreidelieferung wird detektivisch-kriminalistisch nach und nach herausgearbeitet – und sarkastisch-humoristisch mit den Lesern ein heimliches Einverständnis über die Einschätzung der Haeduer und ihrer Führung herzustellen: Er hat jede Menge Haeduerführer in seinem Lager, sagt Caesar, darunter den im höchsten Amt – und trotz dieses ‚Lagervorrats' passiert nichts.

Zur Texterschließung

Die Texterschließung kann in den §§ 1–4 mit Erarbeitung der Wortfelder ‚Getreide' und ‚Vorhandensein/Benutzen' beginnen und danach Satzbauanalysen erstellen. Für die §§ 5–6 kann man – wie gezeigt – den einleitenden *ubi*-Satz in seinem Verhältnis zum Vorigen analysieren, sodann Kolon für Kolon den Riesensatz inhaltlich erarbeiten und eine Satzabbildung erstellen.

Im *Tafelbild* (Abb. S. 63) kann man zu den §§ 1–4 die Information zum Getreideproblem sammeln und zu den §§ 5–6 die Argumentation Caesars daneben schreiben sowie weitere Rückgriffe kenntlich machen, so daß die sachlichen Neuakzentuierungen erkannt werden können.

Kapitel 17

Der Paragraph 1 schildert,wie Liscus endlich – *tum demum* – das Schweigen bricht *(quod antea tacuerat, proponit)*. Es wird gezeigt, daß Caesars Rede dies auslöst *(oratione Caesaris adductus)*. Die Darlegungen des Liscus werden in indirekter Rede wiedergegeben. Die indirekte Rede ist jedoch mehrfach gebrochen oder hat verschiedene, sie bestimmende Subjekte:

§§ 1–2: Caesar berichtet, was Liscus über die *nonnulli* im eigenen Namen sagt.

§§ 3–4: Caesar läßt Liscus in indirekter Rede die aufrührerischen Reden der *nonnulli* wiedergeben.

§ 5: Caesar berichtet in indirekter Rede, was Liscus über die *nonnulli* sagt, greift aber als Autor ein und schreibt statt *Romanorum consilia: nostra consilia*.

§ 6: Caesar berichtet, wie in §§ 1–2, was Liscus über sich und sein Verhältnis zu den *nonnulli* in eigenem Namen sagt.

Die §§ 1–2 und 5–6 kann man, ausgehend von *esse nonnulli*, anhand der Verweisformen erschließen: Auf die *nonnulli* verweisen außer der Personenkennzeichnung *-nt* in einigen Prädikaten *quorum, qui* (1), *hos* (2), *(ab) isdem* (5), *hos* (6).

Die Paragraphen 1–2 bringen verschiedene Informationen zu den *nonnulli*, die sich leicht aus den einzelnen Kola entnehmen lassen: *auctoritas – posse – oratione deterrere*. Der sich an *deterrere* anschließende Objektsatz *(ne frumentum conferant...)* läßt sodann wieder das Ausgangsthema *frumentum* erkennen; jetzt sind die Urheber der Nachschubstörung genannt.

In § 3 fehlt die Verweisform auf *nonnulli; praestare* ist der Infinitiv, *perferre* das ‚Subjekt' des A. c. i.; der Inhalt des § 3 kann durch Analyse der einzelnen Kola und des Wortfeldes ‚Herrschaft' *(principatum obtinere, imperia perferre)* erfolgen. Der Inhalt muß sodann nahelegen, daß hier Caesar Liscus aus Reden der *nonnulli* referieren läßt, wofür *oratione* in § 2 der Aufhänger ist.

Ähnlich läßt sich § 4 erschließen, den das Wortfeld ‚Sieg/Niederlage' oder ‚Herrschaft/Sklaverei' prägt *(superaverint, libertatem sint erepturi)*.

Die §§ 5–6 enthalten, wie dargestellt, Wörter, die auf die *nonnulli* verweisen, schwenken aber im zweiten Teil ganz auf den Sprecher Liscus und seine Lage um: *a se, coactus enuntiarit, sese, fecerit, potuerit*. Liscus macht sehr plausibel, warum er so lange geschwiegen hat: aus Angst vor Repressalien der haeduischen Römergegner. So nimmt der Schluß des Kapitels das Wortmaterial des Anfangssatzes wieder auf. Man vergleiche:

§ 1	§ 6
tum demum	quamdiu potuerit
Liscus	
oratione Caesaris adductus	coactus Caesari enuntiarit
	Gegeninstanz: quanto id cum periculo fecerit – ob eam causam
quod antea tacuerat	tacuisse
proponit	enuntiarit

Angst prägt auch die Formulierungen des Liscus. Konkret wird er bei dem, was er als Redeinhalt der *seditiosa et improba oratio* wiedergibt. Sehr allgemein bleibt er, wenn er die haeduische Römerfeindlichkeit beschreibt: *esse nonnullos, auctoritas apud plebem plurimum valeat, privatim plus possint quam ipsi magistratus* (also als er selbst). Was damit konkret gemeint ist, bleibt zum Teil dunkel.

Hinweise zur Texterschließung sind in der obigen Verlaufsdarstellung enthalten.

Kapitel 18

Das Dunkel wird von Caesar im Kapitel 18 gelichtet. Der erste Teil (§§ 1–2) zeigt umfangreiche Erkundungsaktionen zur Konkretisierung dessen, was Liscus angedeutet hat. Die Konkretisierung dient der Verifizierung des Gespürs, das Caesar sofort hat *(sentiebat):* Dumnorix ist gemeint *(Dumnorigem designari).* Der erste Satz ist entsprechend aufgebaut: Nennung des Subjekts *Caesar,* wodurch der Personenwechsel deutlich wird; Rückverweis auf c. 17: *hac oratione Lisci;* erste Konkretisierung und zwar der von Liscus umschriebenen Person: statt des allgemeinen Plurals *nonnulli* jetzt der konkrete Singular *Dumnorigem* mit genauer Verwandtschaftsbezeichnung *Diviciaci fratrem:* daß Diviciacus anwesend ist, war 16,5 ausdrücklich gesagt worden (langfristige Kapitelplanung Caesars zeigt sich auch hier); Nennung der sicheren Vermutung: *designari sentiebat.* Die Begründung für Caesars weiteres Vorgehen und die Schilderung dieses Vorgehens erfolgen dann in einem Kausalsatz und vielen kurzen Hauptsätzen, die von den Wortfeldern ‚erkunden und reden' *(eas res iactari, quaerit, dixerat, dicit, quaerit, reperit),* ‚offen und geheim' *(pluribus praesentibus, concilium, ex solo, in conventu, liberius atque audacius, secreto)* geprägt sind und mit dem Zielwort *esse **vera*** enden, dem Ergebnis des anfänglichen *sentiebat.* Sodann folgen in den §§ 3–9 in indirekter Rede und – davon abgehoben – in § 10 in einem Bericht mit abschließendem kurzen Satz in indirekter Rede die einzelnen Ergebnisse der Nachforschungen. Diese lassen sich in drei Gruppen gliedern:
(1) Sie konkretisieren – wie die Übersicht S. 69 zeigt – die umschreibenden Formulierungen des Liscus aus 17,1–2, sind sozusagen eine Phänomenologie zu den in c. 17 gegebenen allgemeinen Überschriften. Ein besonderer Schwerpunkt dieser Gruppe liegt darauf, die Beliebtheit des Dumnorix zu erklären (§ 3b); sie beruht auf Freigebigkeit *(liberalitas),* und die Mittel dazu sind brutal erworben (§ 3d). Ein weiterer Schwerpunkt liegt darauf, den politischen Einfluß des Dumnorix in seinem ganzen Ausmaß, auch über das Haeduergebiet hinaus, darzustellen (§§ 6–7).
(2) Sie geben Begründungen für den Teil aus dem Bericht des Liscus, der konkret war: für die machtpolitischen Ansichten der *nonnulli* (das ist des Dumnorix), seine Römerfeindlichkeit und seine Helvetierfreundlichkeit. Die Gründe liegen im eigenen Interesse des Dumnorix; die Römer haben ihm Machtverlust gebracht (§ 8), und er befürchtet eine weitere Einschränkung seines Einflusses (§ 9). Seine Verbindung mit den Helvetiern hat eine emotionale Komponente *(favere et cupere,* § 8) – seine Frau ist Helvetierin (§ 7) – und bedeutet eine machtpolitische Hoffnung *(summam in spem venisse,* § 9): Mit helvetischer Unterstützung will er die haeduische Herrschaft okkupieren, Haeduerkönig werden *(per Helvetios regni obtinendi).* Die Sprache dieses Abschnitts ist eindeutig: Ausdrücke des Gefühls: *favere, cupere, odisse;* Ausdrücke des Machtstrebens, die besonders die Reizworte ‚Umsturz' und ‚Königtum' enthalten: *potentia, regni obtinendi, de regno, gratia* (8–9), *cupidum rerum novarum* (3); Andeutung, daß die Macht des Dumnorix, die durch die Römer verringert wurde, ohnehin unberechtigt war und eigentlich seinem Bruder Diviciacus gebühre: *in **antiquum** locum gratiae atque honoris sit **restitutus*** (dagegen hieß es von Dumnorix, daß er nur die – wie gezeigt, auf Freigebigkeit beruhende – *gratia* hat (9), keinen *honor,* kein Amt, das ihm das Volk oder der Staat zuerkannt haben).
Insgesamt wird Dumnorix gerade durch diese zweite Gruppe der Nachforschungsergebnisse decouvriert. Denn was im Bericht des Liscus 17,3 recht unklar war *(praestare ... Gallorum quam Romanorum imperia perferre),* das wird jetzt klar: Mit den *imperia Gallorum* ist ein Königtum des Dumnorix gemeint, das von einer ausländischen Macht, den Helvetiern, etabliert und gestützt wird. Mit dieser Enthüllung und dem Wort *regnum* sind auch die Behauptungen des Dumnorix, die 17,3–4 dargestellt und schon vorher ausdrücklich als *seditiosa atque improba oratio* (17,2) charakterisiert worden waren, entschärft und widerlegt. Schlechter kann Liscus, der gewählte, voll vom Willen der führender Haeduer bestimm-

te Führer (16,5), nicht sein, schlechter kann Diviciacus nicht sein, dem die Haeduer bereits *honor* zuerkannt haben (18,8), – und das gilt, auch wenn oder gerade weil er von den Römern gestützt wird. Und gerade weil diese Politiker die von der Mehrheit getragenen sind, haben die Römer hier nur dem Mehrheitswillen zum Durchbruch verholfen, von einem unangenehmen *Romanorum imperia perferre* (17,3) kann keine Rede sein.

(3) Vollends decouvrierend wirkt die dritte Gruppe der Nachforschungsergebnisse. Sie wird eigens von den anderen beiden abgesetzt bzw. mit ihnen insgesamt parallelisiert, indem wie zu Beginn des § 3 *(... quaerit; reperit esse vera)* auch hier zunächst eine Einleitung steht: *reperiebat etiam in quaerendo Caesar...* (§ 10). Das Imperfekt zeigt, daß Caesar das, was er jetzt mitteilt, mehrfach gehört oder zugetragen bekommen hat. Daß Caesar *in quaerendo* statt *quaerens* sagt, zeigt wohl, daß die in § 2 genannten Nachforschungen über die Informationen gemeint sind, die Liscus in c. 17 gegeben hat, und daß Caesar also gleichsam als Nebenprodukt nunmehr auch die Ursache der in 15,2 erwähnten Niederlage erkennt. Da *reperire* ‚nach Suchen finden' (im Gegensatz zu *invenire)* meint und *etiam* vor dem Begriff steht, der gleichgeschaltet oder als Steigerung genannt wird, muß der Sinn des Anfangs des § 10 der sein: Caesar forschte schon länger nach der Ursache der Niederlage seiner Reiterei, und jetzt bei seinen Erkundigungen über die Andeutungen des Liscus fand er ebenfalls immer wieder, daß Dumnorix der Schuldige sei.

Der Passus ist auch sonst ungewöhnlich, nämlich umständlich und zum Teil auch unklar bzw. mit weit zurückgreifenden Verweisen formuliert. Der Einleitung *reperiebat etiam in quaerendo Caesar* folgt nicht sofort das Objekt zu *reperiebat,* sondern ein auf 15,2 *(proelium committunt)* zurückverweisender Relativsatz, der den Bezugspunkt oder den Bereich angibt, für den er etwas gefunden hat, und dessen Bezugswort im Relativsatz selbst steht: *quod proelium equestre* statt *proelium equestre, quod.* Damit dieser *quod*-Satz nicht als Objektsatz, z. B. als abhängiger Fragesatz, verstanden wird, steht er weder hinter *reperit* noch hinter *quaerendo,* sondern hinter dem nach hinten gerückten Subjekt *Caesar.* Das Prädikativum *adversum* steht nach dem Subjekt des *quod*-Satzes, der nicht ‚wörtlich' übersetzt werden kann und dessen Gesamtsinn ist: „Caesar fand auch bei den Nachforschungen (über Dumnorix) zu dem Reitergefecht, das sich vor wenigen Tagen mit ungünstigem Ausgang abgespielt hatte, heraus, daß ..."

Nach dem spannungssteigernden Vorspann folgt nunmehr das Objekt zu *reperiebat* in einem A.c.i., der passivisch formuliert ist, damit zunächst der Vorgang selbst genannt werden kann und erst danach, ganz zum Schluß, der Akteur in zwei Ablativen mit *ab;* dem wird eine Erläuterung *(nam...)* angefügt; und dann folgt noch einmal ein A.c.i. als weiteres Objekt zu *reperiebat.* Der Beginn des ersten Objekts ist mit *initium eius fugae* überraschend formuliert. Jeder Römer hätte auch *initium fugae* verstanden. Der Zusatz *eius* bewirkt einen Rückverweis; worauf? Entweder wird damit *adversum* aus dem vorigen Satz umschrieben und *eius* ist dann adjektivisches Attribut zu *fugae;* Caesar wollte dann gar nicht mehr wie in 15,2 genau sagen, worin das *adversum* des Reitergefechts bestand (15,2: *pauci de nostris cadunt).* Oder *eius* steht so, als hätte Caesar vorher *proelium equitatus* geschrieben, so daß *eius* Genitivus subiectivus ist („Der Anfang ihrer Flucht"). Oder Caesar verweist tatsächlich weit zurück, ohne genau zu sagen, worauf, und spricht von der „erwähnten Flucht", die er in c. 15 gar nicht erwähnt hat, die aber in der dortigen Darstellung mitverstanden werden konnte oder mußte. Das Wort *fuga* wird dann im zweiten Objekt zu *reperiebat* wieder aufgenommen, dessen Genitiv-Attribut *eorum* präzis auf *eius equitibus* bezogen werden kann.

Ist Caesar hier bewußt oder unbewußt ungenau? Dies läßt sich wohl nicht beantworten. Aber auf jeden Fall ist die Formulierung *initium eius fugae* ein Zeichen dafür, daß Caesar Ungenauigkeiten oder Unklarheiten in Kauf nimmt, um überraschende Mitteilungen am rechten Ort zu machen. Hier, im Zusammenhang mit der totalen Decouvrierung und Desavouierung der römerfeindlichen Partei der

Haeduer, muß auch der Verrat des Dumnorix erwähnt werden, muß erwähnt werden, daß er für eine römische Niederlage verantwortlich ist.
Damit zeigt sich die weiträumige Planung der Darstellung Caesars. In 15,2 hat er mit einer Schuldzuweisung an Dumnorix zurückgehalten und dafür weiche Entschuldigungen gegeben, die in angeblich etwas zu großer Verfolgungslust der Reiterei *(cupidius... insecuti)* und in den geringen Verlusten lagen. Die Schuldzuweisung an Dumnorix ordnet er hingegen anderen negativen Kennzeichnungen des Dumnorix zu, er fügt sie in einen spannenden, den Leser langsam auf die Verworfenheit und Römerfeindlichkeit des Dumnorix hinführenden Darstellungsablauf ein.
Dies scheint mir der Hauptgrund zu sein, warum Caesar vor allem die personale Erzählweise benutzt, sich meist mit dem Wissensstand präsentiert, den er zum Zeitpunkt des jeweils dargestellten Geschehens gehabt haben konnte, und auf Vorgriffe aus seinem Wissen als Autor, also auf die auktoriale Erzählweise, verzichtet. Daraus ist aber nicht zu folgern, daß das siebte Buch des ‚Bellum Gallicum' mit mehr auktorialer Erzählweise einen höheren literarischen Anspruch bzw. das erste Buch noch nicht einen hohen literarischen Anspruch erhebt. Maßgebend sind die Ziele Caesars, sich als optimalen Sachwalter römischer Interessen darzustellen, und dem dient im ersten Buch, insbesondere seiner ersten Hälfte, der Ouvertüre des Werkes, eher die personale Erzählweise, während später mit mehr Vorgeschehen und mehr Vorwissen des Lesers die auktoriale Erzählweise sinnvoll wird. Beide Erzählweisen erzeugen je mit ihren Mitteln Spannung[28].

Zur Texterschließung

Die Texterschließung kann bei c. 18 gemäß seinem Inhalt und seinen Schwierigkeiten so erfolgen: Erarbeitung der Wortfelder in den §§ 1–2 (‚Untersuchen/Sagen/Finden'; ‚offen/geheim') und Erkennen des Zielpunkts in *esse vera*. Übersetzung der §§ 1–2. Erarbeitung, daß ab § 3 indirekte Rede folgt, die die Ergebnisse der Nachforschung enthält. Erarbeitung, daß diese indirekte Rede bis § 9 geht und in § 10 eine neue Einleitung parallel zu § 2 (Ende) folgt.

Erarbeitung der §§ 3–9
- durch Erkennen von Wortfeldern;
- oder/und durch inhaltliche und grammatische Erschließung der einzelnen Kola;
- oder/und durch Vergleich der gegebenen Informationen mit denen in c. 17 zu den *nonnulli* gegebenen (wodurch die Schwerpunkte der §§ 3–9 und die unterschiedlichen Ziele der §§ 3–7 und 8–9 deutlich werden).

Erarbeitung der Kola des § 10 unter besonderer Berücksichtigung der Wortstellung und der Tempora und mit stärkerer Hilfe des Lehrers.
Sinnvoll ist es, wenn man an der Tafel oder – praktischer – auf einer Folie die Informationen des Kapitels 17 in Erinnerung ruft und zum Ausgangspunkt der Erschließung des Kapitels 18 macht und dann bei dieser Erschließung die Wiederaufnahmen oder genaueren Ausführungen der in c. 17 angeschlagenen Themen darstellt (vgl. Tafelbild S. 69).

Eine weitergehende Behandlungsmöglichkeit des Kapitels 18 besteht darin, unterschiedliche Gesichtspunkte zu den Vorwürfen festzuhalten, die Caesar Dumnorix mit seiner Darstellung macht[29]. Diese Untersuchung geht interpretatorisch über Caesars Gesichtspunkte hinaus und berücksichtigt die Fragestellungen des Bereichs 3 der ‚Interpretationsgesichtspunkte' (vgl. oben 1.8). Es ergibt sich eine motivierende und kritische Textbehandlung. Sie sollte aber auf der sprachlichen Erarbeitung aufbauen.

[28] Vgl. Görler, W.: Die Veränderung des Erzählerstandpunktes in Caesars ‚Bellum Gallicum', in: Poetica 7, 1976, S. 95–118.

[29] Vgl. Verf.: Das erste Buch des ‚Bellum Gallicum' im Schulunterricht, in: Der altsprachliche Unterricht XV/5, 1972, bes. S. 64–68.

Tafelbild und Aufstellung zu Bellum Gallicum 1,17 und 1,18

17,1	Liscus proponit		18,2	Caesar ... reperit esse vera
1	esse nonnullos, quorum auctoritas apud plebem plurimum valeat		3 b	magna apud plebem propter liberalitatem gratia
1	qui privatim plus possint quam ipsi magistratus		3 d 5 a 6/7	complures annos ... redempta habere ... contra liceri audeat nemo ... his rebus ... comparasse magnum numerum equitatus ... Ausweitung dieses Themas
2	hos seditiosa atque improba oratione multitudinem deterrere, ne frumentum conferant, quod debeant		3 a 3 c	ipsum esse Dumnorigem summa audacia cupidum rerum novarum
3	praestare, si iam principatum Galliae obtinere non possent, Gallorum quam Romanorum imperia perferre		8 b 9 b	odisse etiam suo nomine Caesarem et Romanos, quod eorum adventu potentia eius deminuta ... imperio populi Romani ... desperare
4	neque dubitare debeant, quin, si Helvetios superaverint, Romani una cum reliqua Gallia Haeduis libertatem sint erepturi	*Gegensatz*	9 a	si quid accidat ... regni obtinendi
5	ab isdem nostra consilia quaeque in castris gerantur, hostibus enuntiari		8 a	favere et cupere Helvetios
6	hos a se coerceri non posse quin etiam, quod necessariam rem coactus Caesari nuntiarit, intellegere sese, quanto id cum periculo fecerit, et ob eam causam, quamdiu poterit, tacuisse			
			10	reperiebat etiam ... proelium equestre adversum ... initium eius fugae factum ab Dumnorige ...

Kapitel 19

Die umfangreichen Erkundungen Caesars, die in c. 18 dargestellt wurden, werden eingangs in *quibus rebus cognitis* zusammengefaßt. Dann folgt ein *cum*-Satz, der als ganzes eine Voraussetzung zum Inhalt des Hauptsatzes nennt und somit dem Ablativ + Prädikativum *quibus rebus cognitis* gleichgeordnet ist. Daß Caesar nicht zwei Ablative mit Prädikativum wählt oder zwei *cum*-Sätze (also etwa *quibus rebus cognitis rebusque certissimis accedentibus* sagt oder *cum haec cognovisset et certissimae res accederent),* liegt sicher nicht nur daran, daß sich die *quod*-Sätze, die *certissimae res* spezifizieren und präzisieren, schöner an ein Prädikat *accederent* als an ein Partizip *accedentibus* anschließen, auch nicht an der bloßen Unschönheit beider Formulierungen, sondern vor allem daran, daß Caesar eine Trennung zwischen den Erkundungen, die in c. 18 geschildert wurden, und den neuen, in c. 19,1 neu festgestellten und berichteten, Dingen vornehmen und den Eindruck einer Steigerung bewirken will: Er wartet bis zum letzten, schließt auch den allerletzten Zweifel aus, bevor er sich in die haeduische Innenpolitik einmischt. Er zeigt, daß vitale römische Interessen betroffen sind, die weit über ein verlorenes Reitergefecht und einen grundsätzlichen Haß des Dumnorix auf die Römer hinausgehen. Deswegen unterscheidet er im einleitenden *cum*-Satz auch noch einmal *certissimae res* und *suspiciones. Suspiciones,* durch *ad has* auf *quibus rebus cognitis* zurückbezogen, also auf etwas gründlich Recherchiertes und genau Erkanntes, kann nicht ‚Verdächtigungen' meinen, sondern ‚Verdachtsmomente', Anhaltspunkte, die auf eine römerfeindliche Tätigkeit, ja auf eine Schädigung römischer Interessen schließen lassen. Entsprechend sind die *certissimae res* schwere Schädigungen römischer Interessen. Diese Schädigungen werden in vier *quod*-Sätzen mitgeteilt:

(1) Dumnorix hat die Helvetier durch das Gebiet der Sequaner geführt – Caesar hatte es verhindern wollen (vgl. 10,2) –, und dieser Marsch hatte zu Verlusten bei römischen Verbündeten geführt (vgl. c. 11), das römische Eingreifen nötig gemacht. Und nun bedroht – so behauptet Caesar – dieser Marsch zunächst auch die römische Provinz Gallia Narbonensis (10,2).

(2) Dumnorix hat den Geiselaustausch zwischen Helvetiern und Sequanern vermittelt (vgl. 9,4). Das meint dasselbe wie der vorige *quod*-Satz, hebt jedoch die rechtliche Sicherung der Helvetier, also reale politische Maßnahmen des Dumnorix hervor, während im ersten *quod*-Satz das Faktum des Durchmarschs im Vordergrund stand.

(3) Dumnorix hat dies ohne Auftrag, ohne Wissen der Haeduer gemacht, also gegen ihre Interessen aus eigenem Machtstreben. Er ist demzufolge ein Gegner der Haeduer, die Verbündete der Römer sind.

(4) Dumnorix wird von den haeduischen Regierungsbehörden angeklagt – und opponiert offenbar trotzdem weiter, droht also, die staatliche Autorität eines römischen Bündnispartners zu untergraben.

An diese quod-Sätze schließt Caesar endlich den Hauptsatz an: *satis esse causae arbitrabatur*... Er ist noch vorsichtiger formuliert als der Entschluß, die Tiguriner zu überfallen (11,6: ...*non exspectandum sibi statuit, dum*...*)*. Caesar sagt *satis esse causae* mit makabrem understatement, sagt *arbitrabatur*, stellt sich also als objektiven Richter bei einer Urteilsfindung hin, sagt entsprechend auch *animadvertere,* kennzeichnet also sein Vorgehen als strafendes, weitere Verbrechen unterbindendes Einschreiten und läßt schließlich zunächst noch offen, wie dieses *animadvertere* aussieht und wer es vollzieht. Er ist Provinzialstatthalter und kann eine Bestrafung offenbar auch den Behörden eines verbündeten Landes befehlen: Auch hier ist der komplexe Satzbau Abbild der allseitigen Erwägung und Absicherung vor diplomatischen oder politischen oder militärischen Maßnahmen (vgl. zu 10,1 und 18,10).

Satzabbildung zu § 1

HS	[quibus rebus cognitis]
GS_1	cum ad has suspiciones certissimae res accederent,
GS_2	quod per fines sequanorum Helvetios traduxisset,
GS_2	quod obsides inter eos dandos curasset,
GS_2	quod ea omnia non modo iniussu suo et civitatis, sed etiam [inscientibus ipsis] fecisset,
GS_2	quod a magistratu Haeduorum accusaretur,
HS	satis esse causae arbitrabatur,
GS_1	quare in eum aut ipse animadverteret aut civitatem animadvertere iuberet.

In § 2 wird nun der Inhalt des Kapitels 18 und des Satzes 19,1 in *his omnibus rebus* zusammengefaßt und dann ein Gegengrund genannt: *unum repugnabat, quod*... Gegengrund ist die erwiesene und erprobte Treue des Diviciacus, dessen Bruder Dumnorix ist, gegenüber den Römern und gegenüber Caesar selbst. Die Treue wird hervorgehoben mit der Anapher und dem Polyptoton *summum – summam*, mit den durch Klammerstellung von Attribut oder Objekt eingerahmten adverbialen Attributen *in populum Romanum* und *in se*, durch die Differenzierung der Ausdrücke *studium* und *voluntas*, durch das steigernde Attribut *egregiam* und durch die asyndetische Reihung von positiven Eigenschaften *(fidem, iustitiam, temperantiam)*, die wie beliebig fortsetzbar klingt, auf jeden Fall aber die ästhetisch befriedigende Dreizahl erreicht; außerdem verstärkt sogar noch das Prädikat den Eindruck, daß die Treue ein unumstößliches und unabweisbares Faktum ist, denn es steht im resultativen Perfekt, nennt also einen in der Vorvergangenheit erreichten, in die Vergangenheit (in der erzählt wird) hineinreichenden Zustand: *cognoverat*.

Der anschließende Satz begründet *(nam)*, warum die Treue des Diviciacus einen Gegengrund darstellt: Caesar fürchtet, ihn zu verletzen, also einen langjährigen politischen Freund durch eine Bestrafung seines Bruders zu verlieren. In § 3 wird aus dieser Befürchtung die Schlußfolgerung gezogen *(itaque)*. Wieder zeigt Caesar sein umsichtiges, absicherndes Vorgehen.

Die §§ 3–5 bilden dies auch durch den Satzbau, die Wortwahl und die stilistischen Figuren ab. § 3 enthält viele eingeschaltete Erläuterungen *(priusquam quicquam conaretur – cotidianis interpretibus remotis – per C. Valerium Troucillum, principem Galliae provinciae, familiarem suum, cui summam omnium rerum fidem habebat)*, bevor der kurze Hauptsatz *cum eo loquitur* die einfache Tatsache nennt, daß er mit Diviciacus ein Gespräch führt. Die eingeschalteten Erläuterungen zeigen, daß Caesar systematisch vorgeht, nicht voreilig handelt und für äußerste Diskretion sorgt (was an 18,1–2 erinnert).

§ 4 faßt die Ergebnisse aus c. 17 und 18 zusammen und stellt sie durch *simul... et...* nebeneinander auf die gleiche Stufe; das Prädikat im ersten Teil ist *commonefacit*, weil Caesar hier die Dinge wiederholt, die Diviciacus selbst hat Liscus berichten hören; das Prädikat des zweiten Teils ist *ostendit*, weil Caesar hier seine Erkenntnisse vorträgt.

§ 5 zeigt die Intensität seiner Bitte um das Verständnis des Diviciacus: Der Hendiadyoin *petit atque hortatur* hebt hervor, daß Caesar von der Sache her *(petit)* Diviciacus weiterhin zum Verbündeten haben will und selbst emotional beteiligt ist *(hortatur)*; im *ut*-Satz, der den Inhalt seines Wunsches nennt, steht am Beginn *sine eius offensione animi*, breit formuliert mit zwei Genitivi obiectivi, erst dem persönlichen, dann dem sächlichen; dann folgen zwei Alternativen, die Diviciacus die Wahl des Vorgehens überlassen, eine gerichtliche Untersuchung *(causa cognita)* als selbstverständlich voraussetzen und die Befehlsgewalt des Diviciacus anerkennen. Aus den Alternativen, die Caesar für sich sah (19,1: *quare in eum aut ipse animadverteret aut civitatem animadvertere iuberet)*, scheint hier also die zweite gewählt worden zu sein, jedoch so, daß er Diviciacus statt der gesamten haeduischen Führung anspricht und nunmehr diesem zwei Alternativen nennt. (Daß er später doch selbst gegen Dumnorix vorgeht, zeigt er 5,5–7.)

Zur Texterschließung

Die Texterschließung könnte bei c. 19 so erfolgen: Erschließung der Rückverweise in § 1 *(quibus rebus cognitis, ad has suspiciones)*, des Gegensatzpaares *suspiciones – certissimae res*, der Satzstruktur (Ablativ mit Prädikativum, *cum*-satz, vier *quod*-Sätze als Ausführung zu *res accederent*, Hauptsatz, *quare*-Satz); sodann Erarbeitung des Rückverweises *his omnibus rebus* und des neuen Gegensatzes *omnibus – unum repugnabat* und Erschließung des Themas in § 2: Diviciacus und seine Treue; sodann Erschließung der §§ 3–5 als Schlußfolgerung *(itaque)* und Erarbeitung der Satzstrukturen und der rückverweisenden Wiederaufnahmen: *quae... sint dicta* (vgl. c.

17), *quae... dixerit* (vgl. c. 18), *ut sine eius offensione animi (*vgl. § 2 Ende: *Diviciaci animum offenderet), vel... causa cognita statuat vel civitatem statuere iubeat* (vgl. § 1 Ende: *satis esse causae..., quare... aut... aut civitatem animadvertere iuberet).*
Ein anderer Weg: Man könnte zuerst eine Gliederung verlangen *(quibus rebus cognitis – his omnibus rebus – itaque)* und Wortfelder insgesamt feststellen lassen: *res/suspiciones/quod – causa/animadvertere/iubere/statuere/supplicium* – Tugenden – *animum offendere/offensio animi – interpretibus/conloqui/commonefacere/dicere/ostendere/dicere/petere/hortari.* Danach könnten die Satzstrukturen erarbeitet werden, zum Teil mit Satzabbildungen nach dem Einrücksystem (vgl. oben zu § 1).

Kapitel 20

Das Kapitel 20 nennt am Anfang den Namen des Diviciacus. Er ist jetzt der Mittelpunkt, nachdem die Kapitel 18 und 19 Caesar zum Akteur hatten. Trotzdem kommt der Name Caesar im Kapitel 20 erstaunlich oft vor, bis er in § 5 wieder Subjekt wird, und zwar so, daß der Hauptsatz statt einer Verweisform *(is)* eigens das Wort *Caesar* enthält, obwohl der vorangehende Gliedsatz bereits den Namen *(a Caesare)* nannte.
Die Gliederung des Kapitels läßt sich durch Beobachtung der vorkommenden Namen und der Darstellungsformen vornehmen:

§§ 1–4: Diviciacus reagiert
§§ 2–4 indirekte Rede
§ 5: Zusammenfassung des Vorigen im *cum*-Satz (mit Wiederholung der Wortfelder ‚Weinen', ‚Bitten' und ‚Menge', vgl. *lacrimis, complexus* (§ 1) – *flens* (§ 5); *obsecrare* (1) – *peteret* (5); *multis* (1) – *pluribus* (5)), dann Reaktion Caesars
§ 5 b: Aussagesätze mit Verben, die Bitten und Sagen ausdrücken *(rogat, ostendit)*
§ 6: Weiterhin Reaktion Caesars, jetzt aber auf Dumnorix bezogen, mit vielen Ausdrücken des Sagens *(ostendit, proponit, monet, dicit)* und eingerahmt von den Aktionen ‚Herbeiholen' *(vocat)* und ‚Überwachenlassen' *(custodes ponit).*

Insgesamt gliedert sich das Kapitel in zwei Abschnitte, deren erster etwas länger ist als der zweite. Subjekt des ersten Abschnitts (§§ 1–4) ist Diviacus, Subjekt des zweiten Abschnitts (§§ 5–6) ist Caesar.
Im Diviciacus-Abschnitt spielen die Wortfelder ‚Weinen' (§ 1: *multis cum lacrimis,* § 5: *flens),* ‚Flehen, Bitten' (1: *complexus, obsecrare)* und ‚Affekt' (2: *doloris,* 3: *amore fraterno, commoveri,* 4: *animi se averterentur)* eine größere Rolle. Die Ausführungen des Diviciacus werden im ersten Satz in einem abhängigen Wunschsatz formuliert *(ne quid gravius in fratrem statueret),* dann in einer indirekten Rede (§§ 2–4) breit ausgeführt. Daß dies nicht die ganze Rede des Diviciacus ist, gibt Caesar am Beginn des § 5 noch einmal mit der Formulierung *haec cum* ***pluribus*** *verbis flens a Caesare peteret* zu verstehen. Daß es eine lange Rede ist, legt auch bereits die Formulierung *obsecrare coepit* (§ 1) nahe.
Die Wiedergabe in indirekter Rede ist gliedsatzreich. Kennzeichnend sind dabei Begründungen (Kausalsätze), Gegenüberstellungen (semantische Gegensätze *ipse – ille, gratia – adulescentiam, plurimum posse – minimum posse, per se crevisset – ad minuendam gratiam / paene ad perniciem suam; tamen...; ei... gravius accidisset, cum ipse eum locum... teneret),* Gedankenspiele für die Zukunft (Voraussetzungen in Konditionalsätzen, Folgerungen in Hauptsätzen oder in einem Satz mit relativischem Anschluß *qua ex re...*). Satzabbildungen können den komplexen Satzbau zeigen.
Auch stilistisch wird der Wortreichtum (des Diviciacus) deutlich: Was einfacher zu sagen gewesen wäre, wird in einer präzisierenden Aufzählung *(domi atque in reliqua Gallia),* Antithesen (vgl. den vorigen Absatz), einem Hendiadyoin im relativischen Anschluß *(quibus opibus ac nervis),* Steigerungen *(plus quam se...; non solum... sed paene...)* und

Verallgemeinerungen *(nec quemquam..., neminem existimaturum totius Galliae)* ausgedrückt.

Diviciacus wird zwar als getreuer Gefolgsmann Caesars und als Politiker mit Gespür für die politische Wirkung von Maßnahmen dargestellt. Trotzdem distanziert sich Caesar, indem er das Verhalten des Diviciacus als melodramatisch und wortreich charakterisiert. Dafür sind die Wortfelder ‚Tränen' und ‚Flehen' kennzeichnend, die Aufteilung in Redebericht, indirekte Rede, zusammenfassender Redebericht (§ 5 Anfang) und die chiastische Wiederkehr der Charakterisierung vom Anfang in der Zusammenfassung am Schluß des Kapitels:

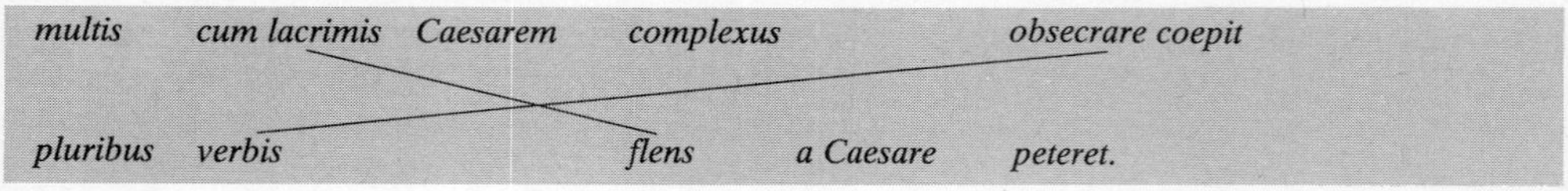

Der Mengenbegriff des Anfangs *(multis* und *coepit)* kehrt am Schluß in *pluribus* wieder, das Weinen des Anfangs *(lacrimis)* in *flens,* das Bitten *(obsecrare)* in *verbis peteret.* Die starke Geste *(complexus)* wirkt als Anfangsbild.

Caesars eigenes Auftreten ist ganz anders, es steht in Kontrast dazu. Caesars Antwort wird in einem Redebericht in kurzen Sätzen vorgetragen. Nach dem einleitenden Satz, der den äußeren Gestus schildert *(Caesar eius dextram prendit),* enthält jeder Satz des Redeberichts ein Prädikat, das ein Bitten oder Sagen ausdrückt *(rogat... ostendit).* Nach Darstellung einer zweiten Maßnahme *(Dumnorigem ad se vocat, fratrem adhibet)* erfolgt auf dieselbe Weise ein zweiter Redebericht *(ostendit, proponit, monet, dicit).* Der letzte Satz schildert dann nochmals eine Maßnahme *(Dumnorigi custodes ponit).*

Die fast lakonische Kürze der Sätze wird erreicht durch Auslassung von *ut (finem orandi faciat),* asyndetische Reihungen *(quae ipse intellegat, quae civitas queratur; quae agat, quibuscum loquatur),* Beschränkung auf die notwendigen Satzglieder – in den Hauptsätzen findet sich mit zwei bezeichnenden Ausnahmen *(consolatus,* § 5, *Diviciaco fratri,* § 6) keine ‚freie Angabe', also kein Satzglied, das über die zur Herstellung eines grammatikalisch korrekten Satzes notwendigen hinausgeht –, vorwiegende Verwendung von Objektsätzen; Adverbialsätze finden sich nur beim Übergang vom Diviciacus- zum Caesarabschnitt *(cum... peteret),* zur Hervorhebung des Ansehens des Diviciacus (Konsekutivsatz *uti... condonet,* § 5) und zur Begründung der Bewachung des Dumnorix (Finalsatz *ut ... possit,* § 6). Wiederholt wird nur das Wichtige, nämlich daß er Diviciacus zuliebe nicht gegen Dumnorix vorgeht (§ 5: *gratiam ... uti... condonet;* § 6: ... *Diviciaco fratri condonare).*

Durch die kurzen Sätze und den Redebericht bei der Darstellung seines eigenen Verhaltens bewirkt Caesar einen starken Gegensatz zwischen sich und Diviciacus. Das Verhalten des Diviciacus ist eine Einheit, geprägt von Jammern und Sorge. Caesars Verhalten ist eine Vielzahl von präzisen Hinweisen und Maßnahmen, die seinem Status als Provinzverwalter entsprechen. Caesar geht auf die Vorstellungen des Diviciacus ein und bedenkt wie er die Folgen von Maßnahmen. Aber er bleibt zurückhaltender in seiner Argumentation, kann es auch bleiben, weil er nicht wie Diviciacus persönlich durch Verwandtschaftsverhältnis und Gefährdung des eigenen Einflusses betroffen ist. Gleichzeitig darf man in dem Kapitel eine Darstellung vermuten, die dem Leser ein spöttisches Lächeln nahelegen und ihm zeigen soll, mit welchen Verbündeten es die Römer doch letztlich zu tun haben, wie haushoch sie ihnen überlegen sind und wie die politischen Führer ihr Volk repräsentieren. Dazu steht nicht im Widerspruch, daß er die Tugenden des Diviciacus hervorhebt, er kritisiert nur Larmoyanz und Entscheidungsschwäche.

Hinweise zur Texterschließung sind in der obigen Verlaufsdarstellung gegeben worden (Gliederung, Darstellungsarten, Wortfelder, Satzanalysen).

Satzabbildung zu Bellum Gallicum 20, 2

HS	scire se [illa esse vera]
HS	nec quemquam ex eo plus quam se doloris capere propterea,
GS_1	quod
GS_2	cum ipse gratia plurimum domi atque in reliqua Gallia, ille minimum propter adulescentiam posset,
GS_1	per se crevisset,
GS_2	quibus opibus ac nervis non solum ad minuendam gratiam, sed paene ad perniciem suam uteretur.

Tafelbild zu Bellum Gallicum 1, 20

Diviciacus	**Caesar**
Redebericht multis cum lacrimis Caesarem complexus obsecrare coepit, ne quid gravius in fratrem statueret	*1. Aktion* eius dextram prendit consolatus rogat, finem orandi faciat
indirekte Rede scire se illa esse vera nec quemquam ex eo plus quam se doloris capere	*Redebericht* tanti eius apud se gratiam esse ostendit, uti et rei publicae iniuriam et suum dolorem eius voluntati ac precibus condonet.
proterea quod, cum ipse gratia plurimum domi atque in reliqua Gallia, ille minimum propter adulescentiam posset, per se crevisset	*2. Aktion* Dumnorigem ad se vocat, fratrem adhibet
Rückverweis quibus opibus ac nervis non solum ad minuendam gratiam, sed paene ad perniciem suam uteretur. Sese tamen et amore fraterno et existimatione vulgi commoveri. Quodsi quid a Caesare gravius accidisset,	*Redebericht* quae in eo reprehendat, ostendit quae ipse intellegat, quae civitas queratur, proponit. monet, ut in reliquum tempus omnes suspiciones vitet praeterita se Diviciaco fratro condonare dicit
cum ipse eum locum amicitiae apud eum teneret, neminem existimaturum non sua voluntate factum.	*3. Aktion* Dumnorigi custodes ponit, ut, quae agat, quibuscum loquatur, scire possit.
Rückverweis Qua ex re futurum, uti totius Galliae animi a se averterentur	

Kapitel 21

Mit *eodem die* wird eine zeitliche Gleichsetzung mit dem in den vorigen Kapiteln (19,3–20) berichteten Gesprächen mit Diviciacus und Dumnorix und mit dem Auftrag an Kundschafter, Dumnorix zu beobachten (20,6 Ende), vorgenommen. Hießen diese auf eine Person angesetzten Kundschafter *custodes,* so ist jetzt 21,1 von *exploratores* die Rede, Lagebeobachtern, militärischen Kundschaftern. Eine neue Nachricht kommt *(certior factus est),* die Benachrichtigung wird passivisch formuliert. Caesar ist immer noch Subjekt wie seit 20,5. Seine Trostworte an Diviciacus (20,5), seine Mahnworte an Dumnorix (20,6), seine Beauftragung der Beobachter (20,6) und jetzt seine Benachrichtigung (21,1) zeigen, wie von Caesar viele Fäden ausgehen und wieder zu ihm zurückführen. Er ist das Macht- und Schaltzentrum.

Was ist der Inhalt der Nachricht? *Hostes sub monte consedisse...:* Hiermit nimmt der Autor Caesar seine nach c. 15 unterbrochene Darstellung der kriegerischen Auseinandersetzungen mit den Helvetiern wieder auf, die er 15,5 so beendet hatte: *Ita dies circiter quindecim iter fecerunt, uti inter novissimum hostium agmen et nostrum primum non amplius quinis aut senis milibus passuum interesset.* Dort also waren die „Feinde“ letztmals in der Darstellung der Auseinandersetzung mit den Helvetiern erwähnt worden; die Aussendung der Kundschafter, deren Meldung 21,1 geschildert wird, war 15,1 dargestellt worden *(praemittit, qui videant, quas in partes hostes iter faciant).* Nun wird Caesar das Ende des Weges oder Marsches mitgeteilt *(sub monte consedisse),* mit genauer Entfernungsangabe *(milia passuum ab ipsius castris).* Gleich schickt Caesar neue Kundschafter aus *(qui cognoscerent, misit).* Beobachtungsauftrag ist jetzt die militärische Beherrschbarkeit des Berges. Also wird das Wort ‚Berg‘ wiederaufgenommen und mit anderen Wörtern des Wortfeldes weitergeführt: *natura montis, in circuitu ascensus.* Die Abfolge der Gliedsätze und des Hauptsatzes ist ein klassisches Beispiel für die Wortstellung im Lateinischen: *qualis esset... ascensus* ist Objekt zu *cognoscerent,* steht also vor dem *qui cognoscerent*-Satz; *qui cognoscerent* ist Objekt zu *misit,* steht also vor diesem. Die Objektstellen sind hier mit Gliedsätzen, Objektsätzen, gefüllt und so länger und für manche Schüler nicht auf Anhieb durchschaubar; die Reihenfolge der Satzglieder im *qualis*-Satz ist: Prädikatsnomen (Ergänzung im Nominativ), Prädikat, zwei Subjekte; die Reihenfolge im *qui... cognoscerent*-Satz ist: Objekt (Ergänzung im Akkusativ, *qualis...*) – Subjekt (im Nominativ, *qui)* – Prädikat (V, *cognoscerent).* Die Reihenfolge der Satzglieder im ganzen Satz ist: Zielangabe / Absichtsangabe *(qualis...)* – Personenobjekt *(qui cognoscerent)* – Prädikat *(misit)*[30].

Auch inhaltlich ist somit die Abfolge der Gliedsätze begründet: Caesar will etwas wissen, er holt Leute, er beauftragt sie.

Das Ergebnis ist rasch da und knapp formuliert: *renuntiatum est facilem esse.* Wer meldet *(ab exploratoribus),* was leicht ist *(naturam, ascensum),* muß nicht noch einmal gesagt werden. Immer noch wird vermieden, daß ein neues Subjekt in Erscheinung tritt (wiewohl *facilem esse* ja Subjekt zu *renuntiatum est* ist). Handelnder und Registrierender ist Caesar. Die Kundschafter werden erst im nächsten Satz als ‚Begleitobjekt‘ erwähnt: *cum... iis ducibus, qui iter cognoverant.* In diesem Satz wird aus dem in § 1 erwähnten Tage (der sozusagen in c. 19 begonnen hat) ein Zeitpunkt herausgegriffen *(de tertia vigilia)* und der in § 1 erwähnte Berg wird zum Zielpunkt einer Aktion *(summum iugum montis ascendere)* und des diesbezüglichen Befehls Caesars

[30] Zur ‚Reduzierung‘ komplizierter Sätze auf einfache Sätze vgl. z. B. Verf.: Aufbau und Lernbarkeit der lateinischen Grammatik. Mit einer Gliederung der lateinischen Grammatik und einer Tafel der Satzpositionen und Füllungsarten, in: Der altsprachliche Unterricht XXVI/5, 1983, S. 5–23, bes. S. 17–22; Verf.: Lineares Dekodieren, Textlinguistik und typisch lateinische Satzelemente, in: Der altsprachliche Unterricht XIX/5, 1976, S. 35–36, bes. S. 14–17 und die Beispiele S. 35 Anm. 10 (aus Caesars ‚Bellum Gallicum‘).

(iubet); der Befehl, das Besteigen und die außer den Kundschaftern Beauftragten *(T. Labienum ... cum duabus legionibus)* sind die neuen Informationen (Rhemata) des Satzes.

In diesem Satz ist die Reihenfolge der Satzglieder diese: Zeitangabe – Objekt (Person – Sache, A.c.i.) – Befehlserteilung im Prädikat. Im nächsten Satz ist sie: Objekt *(quid sui consilii sit)* – Prädikat *(ostendit),* wieder regelmäßig, sachlich nach der Wichtigkeit angeordnet. Der Genitivus partitivus, ohnehin üblich, verdeutlicht vielleicht, daß Caesar aus seinem strategischen Konzept das mitteilt, was Labienus für seinen speziellen Auftrag wissen muß (vgl. oben zu 16,6 im Unterschied zu 16,3).

Daß Caesar sein Konzept (zumindest in der Reihenfolge seiner Schilderung) nach dem Befehl mitteilt, mag ein Hysteron proteron sein, kann aber auch die Realität abbilden: Der Befehl war das Dringende und Erste, die Erklärung folgt hinterher. Immerhin macht Caesar seine Beauftragten zu Teilhabern seines Denkens und der Gründe seiner Anordnungen, sie sind nicht bloße Befehlsempfänger.

Mit *ipse* (§ 3) setzt sich Caesar in Gegensatz zu Labienus und den erwähnten Legionen und Kundschaftern. Auch *de quarta vigilia* scheint auf einen solchen Gegensatz hinzudeuten, wenn damit auch ein Zeit- und Erzählfortschritt markiert wird. Dann aber kommen Gleichsetzungen:

(a) mit dem Gegner: *eodem itinere, quo hostes ierant;*

(b) mit Labienus und der Infanterie: *ad eos (sc. hostes) contendit equitatumque omnem ante se mittit.*

Der eingangs mit *ipse* signalisierte Gegensatz gilt also dem Ziel: Labienus soll die Höhe besetzen, Caesar bleibt in der Ebene; er gilt dem Weg: Labienus muß den Helvetiern verborgen bleiben, Caesar folgt ihnen ‚traditionell' hinten nach; und er gilt den Abteilungen: Labienus hat reine Infanterie, Caesar hat Abteilungen mit Kavallerie.

Die Reiterei wird vorausgeschickt. Aus diesem Vorgang des Vorausschickens *(ante se mittit,* § 3) wird nun Publius Considius mit Botschaftern herausgegriffen, und dabei wechselt das Subjekt von Caesar zu Considius: *P. Considius cum exploratoribus praemittitur.* Zum Passiv des Prädikats wird auch nicht einmal hinzugefügt, wer den Auftrag erteilt. Daß die Person des Considius so ins Licht und ins Blickfeld gestellt wird, begründet der direkt hinter dem Namen stehende lange Attributsatz, dessen zwei Prädikate einen Dauerzustand in der Vergangenheit (Imperfekt *habebatur)* und eine Vorvergangenheit (Plusquamperfekt *fuerat)* schildern. Die Informationen stimmen den Leser darauf ein, daß es sich um einen sehr kriegserfahrenen Mann handelt; das wird direkt gesagt *(rei militaris peritissimus)* und auch durch die Altersangabe angedeutet, die in der Erwähnung seines Dienstes unter Sulla und Crassus steckt; der Name Sulla steht für Kriege und Schlachten wie den gegen Mithridates (87–83), den Sieg bei Capua gegen Murena (83/82), den Sieg über die Samniten vor dem collinischen Tor in Rom (82); der Name Crassus steht für den Krieg gegen Spartacus (73–71); erst ein Leser des Jahres 49 kann mit diesem Namen auch die Niederlage gegen die Parther aus dem Jahre 56 verbinden, mit der Considius nichts zu tun haben kann, weil die hier geschilderten Ereignisse im Jahre 58 passieren. So bleibt im allgemeinen als Eindruck, daß Caesars Wahl des Considius für eine Kundschafteraufgabe wohlerwogen war. Trotzdem wird sich das Hinausschieben eines Subjektwechsels bis zur Nennung des Considius als schriftstellerische Absicht erweisen: Mit Considius übernimmt ein anderer als Caesar Verantwortung.

Das *Tafelbild* zeigt die Gliederung nach Zeitpunkten, die zentrale Stellung Caesars, von dem die Fäden ausgehen und zu dem sie zurücklaufen, und den abrupten Wechsel zu einem neuen Subjekt, das von Caesar durch eine passivische Formulierung und durch die Vermeidung von Caesars Namen getrennt wird, obwohl Considius ihm untersteht und von ihm beauftragt wird.

Tafelbild zu Bellum Gallicum 1, 21

Zeit	Beauftragte	Caesar	Helvetier
eodem die	ab exploratoribus	certior factus	hostes sub monte consedisse milia passuum ab ipsius castris octo
	qui cognoscerent	misit	qualis esset natura montis et qualis in circuitu ascensus
		renuntiatum est	facilem esse
de tertia vigilia	T. Labienum legatum pro praetore cum duabus legionibus et iis ducibus, qui iter cognoverant	iubet	summum iugum montis ascendere
		ostendit	quid sui consilii sit
de quarta vigilia		ipse contendit	eodem itinere, quo hostes ierant, ad eos
	equitatumque omnem	ante se mittit	
		P. Considius	
		qui rei militaris peritissimus habebatur et in exercitu L. Sullae et postea in M. Crassi fuerat	
	cum exploratoribus	mittitur	

Zur Texterschließung

Entsprechend dem Textaufbau und dem vorgeschlagenen Tafelbild können zunächst die Zeitangaben, die Subjekte, die in jedem Satz verwendete Diathese des Prädikats und dabei die Hauptinformationen festgehalten werden. Danach ist die Einzelerschließung der Sätze möglich, wobei Satzanalysen und Wortfeldbeobachtungen miteinander verbunden werden können.

Kapitel 22

Der Bericht in c. 22 schildert den Ablauf eines Tages, beginnend mit *prima luce* (§ 1) und endend in *multo denique die* (§ 4). Die verschiedenen Aktionen sind durch verschiedene Subjekte gekennzeichnet: *mons – ipse – Considius* (2), *Caesar – Labienus* (3) – *Caesar* (4). Die einzelnen Informationen sind im szenischen Präsens dargestellt; daß es um eine Erzählung vergangener Ereignisse geht, zeigt die Tempuswahl in den Gliedsätzen. § 3, 2. Hälfte schildert einen Begleitumstand im Imperfekt.

Im § 1 wird nach der detaillierten Zeitangabe *prima luce* in einem *cum*-Satz das Ergebnis der im c. 21 geschilderten Befehle und Aktionen dargestellt:

21,2	22,1
T. Labienum ... summum iugum montis ascendere iubet	*summus mons a Labieno teneretur*
ipse de quarta vigilia eodem itinere, quo hostes ierant, ad eos contendit	*ipse ab hostium castris non longius mille et quingentis passibus abesset*

Dem wird – immer noch im *cum*-Satz – aus auktorialer Sicht, d. h. mit dem Wissen des Autors, die Schilderung des feindlichen Kenntnisstandes angefügt:

neque, ut postea ex captivis comperit,
aut ipsius adventus
aut Labieni cognitus esset.

Im Hauptsatz wird dazu ein Gegensatz hergestellt, wie er größer nicht denkbar ist: Derselbe Berg, von dem eben der Autor mitgeteilt hat, Labienus habe ihn besetzt und halte ihn, soll nun plötzlich in der Hand der Feinde sein. Das ist die Meldung des vorher (21,4) als so erfahren zu vermutenden Considius, und Caesar läßt ihn ausdrücklich noch einmal den Gegensatz selbst deutlich machen, indem dieser Caesars Befehl an Labienus deutlich wiederholt:

montem, quem a Labieno occupari voluerit, *ab hostibus teneri;*
id se ... cognovisse.

Considius beruft sich auf sichere eigene Erkenntnisse oder Schlüsse, was Caesar distanziert in der indirekten Rede mitteilt.
Dann wechselt die Darstellung zu Caesars Reaktion über: *Caesar ... subducit ... instruit.*
Sodann wird vom Autor als Gegensatz – ohne daß dies durch einen entsprechenden Konnektor deutlich gemacht würde – der tatsächliche Zustand geschildert, im Imperfekt als Hintergrundschilderung *(exspectabat ... abstinebat)* mit dem wichtigen voranstehenden Ablativ mit Prädikativum *monte occupato.* Hierbei wird auf Caesars Befehle verwiesen, wie es auch schon am Anfang der Fall war *(mons ... teneretur:* vgl. *iugum ascendere).* Jetzt aber wird in sehr umständlicher, zum langsamen Lesen zwingender und so eindringlicher Formulierung darauf verwiesen. Das hat seinen Grund vor allem darin, daß Caesar jetzt den vollen Gegensatz zwischen seinem Plan und der von der Fehlinformation des Considius bewirkten Lage verdeutlichen will. Deswegen hat er auch in 21,2 die genaue Darstellung seines Planes unterdrückt und sich mit der Formulierung *quid sui consilii sit, ostendit* begnügt. Die umständliche Formulierung enthält folgende Elemente:

- Vergleichssatz *ut erat ei praeceptum a Caesare.* Das Handeln des Labienus wird mit Caesars Vorschrift verglichen, an ihm gemessen; die Übereinstimmung wird festgestellt, der *ut*-Satz gewinnt kausalen Charakter.
- Subjektsatz *ne proelium committeret:* Der abhängige Wunschsatz nennt erneut Caesars Vorschrift, hämmert sie dem Leser ein.
- Verneinter Kondizionalsatz *nisi ... visae essent:* Er gibt die Ausnahme und den Zeitpunkt an, für den bzw. von dem an Caesars Verbot nicht mehr gilt.
- Finalsatz (oder Konsekutivsatz) *ut ... fieret:* Ziel und gewünschtes Ergebnis von Caesars Befehl und Verhalten des Labienus werden genannt.

Nach dieser wichtigen Schilderung des wahren Sachverhalts aus auktorialer Sicht stellt der nächste Satz dar, wie der Akteur (nicht der Autor) Caesar diesen Sachverhalt erfährt: Die Zeit ist weit fortgeschritten: *multo denique die.* Kundschafter kommen: *per exploratores.* Caesar erfährt den Sachverhalt: *Caesar cognovit et montem ab suis teneri.* Er erfährt noch mehr: *et Helvetios castra movisse.* Und schließlich – was ein Bündel von Rückfragen zusammenfaßt –: *et Considium timore perterritum, quod non vidisset, pro viso sibi renuntiavisse.*
Wieder also spielt der Berg eine Rolle: *montem ... teneri* (vgl. § 1, § 2). Labienus und seine Truppe werden durch *a suis* umschrieben. Und wieder spielt Considius eine Rolle. Er war 21,4 als erfahren, 22,2 als Unglücksbote dargestellt worden. Jetzt kommt das Urteil,

Satzabbildung zu § 3

HS	Labienus,
GS_1	ut erat ei praeceptum a Caesare,
GS_2	ne proelium committeret,
GS_3	nisi ipsius copiae prope hostium castra visae essent,
GS_2	ut undique uno tempore in hostes impetus fieret,
HS	[monte occupato] nostros exspectabat proelioque abstinebat.

nicht von Caesar, sondern von namenlosen Kundschaftern gefällt, dadurch umso akzeptabler, umso generalisierter, umso deutlicher, umso vernichtender. Es ist entsprechend nachdrücklich und einprägsam formuliert:

ĕt Cōnsĭdĭŭm
tĭmōrĕ pĕrtĕrrĭtŭm
(wachsende Glieder mit Homoioptoton)
quod non vidisset – pro viso sibi renuntiavisse
(Antithese mit einer Art Polyptoton und mit dem Gleichklang *-isset/-isse,* darüber hinaus der *-vi*-Häufung: vi*(disset),* vi*(so), (renuntia)*vi*(sse)*).

Mit *eo die* wird – ungenau – an das Vorige angeschlossen. Gemeint ist der Rest des Tages, wie er am Beginn des § 4 bezeichnet wurde und wie sich aus dem Inhalt des letzten Satzes ergibt. Caesar folgt nun wieder dem feindlichen Heerzug, wie es 21,3 angedeutet wurde und jetzt konkretisiert wird. Vorher eilte er noch den Helvetiern nach, um erst in ihre Nähe zu kommen. Jetzt folgt er ihnen in einem militärisch sinnvollen und offenbar schon Gewohnheit gewordenen Abstand und errichtet sein Feldlager drei Meilen von dem der Helvetier entfernt. Der letzte Satz nimmt somit die Marschbewegung aus 21,3 wieder auf, ebenso die Entfernung beider Heerzüge (21,3: *mille et quingentis passibus,* vielleicht aber auch fünf bis sechs Meilen, wie 15,5 geschildert; 22,4: *quo consueverat intervallo);* er zeigt, daß der Abstand beim Lagern verändert wird. Der letzte Satz stellt somit nach dem Gegensatz in 22,1–2 auch die ruhige Konsequenz in Caesars Vorgehen wieder her. Das Erscheinen des Considius war ja dramatisch geschildert worden: nach dem genauen detaillierten *cum*-Satz Neueinsatz mit dem Namen *Considius,* Erwähnung *equo admisso, o*-Homoioptoton, *a*-Alliteration *(admisso ad eum accurrit),* Asyndeton *accurrit, dicit,* Antithese *quem a Labieno occupari voluerit – ab hostibus teneri.*

Das Kapitel 22 ist also kompliziert durch die Mischung von Mitteilungen, die der linearen Abfolge des Geschehens entsprechen und den Akteur Caesar nicht mehr wissen lassen, als er zu dem Moment wissen kann, und solcher Mitteilungen, die vom wissenden Autor Caesar ‚auktorial' gemacht werden, im Rückblick erfolgen oder (anders gesagt) von der Darstellung des aktuellen Geschehens her ein Vorgriff sind. Ferner ist das Kapitel kompliziert durch die Darstellung verschiedener Schauplätze.

Zur Texterschließung

Da das Hauptthema der Berg ist, der von Labienus besetzt werden soll, besetzt ist oder angeblich von den Helvetiern besetzt wird, empfiehlt sich ein textsemantischer Einstieg mit dem Thema ‚Berg' und ein textsyntaktischer/textsemantischer Durchgang durch den Text unter Berücksichtigung der Zeitangaben, der Tempora und der genannten Personen. Ausgehend von c. 21 wird als Voraussetzung für die Texterschließung des c. 22 festgehalten, daß folgendes die Situation mit drei Schauplätzen ist: (1) Labienus soll einen strategisch wichtigen Berg besetzen. – (2) Die

Helvetier sind auf dem Marsch. – (3) Caesar folgt ihnen und schickt Considius voraus. – Ausgehend von c. 22,1 wird eine zeitliche Gliederung vermutet und dann Satz für Satz im Tafelbild vermerkt, welche Aussagen zu den drei Schauplätzen gemacht werden. Anhand der Tempora und sonstiger Signale wird dabei auch erarbeitet, ob es sich um eine Etappe in den erzählten Aktionen handelt oder um Vor- und Rückgriffe. Der Vorgriff ergibt sich aus *ut **postea** ex captivis comperit,* der Rückgriff ergibt sich aus dem Plusquamperfekt *ut erat ei praeceptum a Caesare*... Bei jeder Nennung von semantischen Verknüpfungen und Informationen zu den Schauplätzen wird auch die satzsyntaktische Einordnung der genannten Information vollzogen. Semantische Schwerpunkte sind die Wortfelder ‚Bergbesetzung' *(mons, tenere, occupare),* ‚Melden und Erfahren' *(comperire, cognoscere, dicere, explorator, renuntiare),* ‚Kampf' *(hostes, arma, insigne, copiae, aciem instruere, proelium committere, impetus fit, proelio abstinere),* ‚Marsch und Lager' *(ab castris abesse, accurrere, in collem subducere, prope hostium castra videri, exspectare, castra movere, intervallo hostes sequi, castra ponere).* – Nach der genauen Aufgliederung der Informationen auf die Schauplätze und nach der Feststellung der Vor- und Rückgriffe und nach der Erschließung der einzelnen Satzkola fällt die Übersetzung leichter.

Tafelbild zu Bellum Gallicum 1,22

Zeit	**Labienus/Berg**	**Helvetier**	**Caesar, Marsch**
prima luce	summus mons a Labieno teneretur		ipse ab hostium castris non longius mille et quingentis passibus abesset
Vorgriff	aut Labieni adventus	cognitus esset	neque, ut postea ex captivis comperit, aut ipsius adventus
	montem, quem a Labieno occupari voluerit	ab hostibus teneri	Considius accurrit, dicit
		id a Gallicis armis atque insignibus	se cognovisse
	Labienus		Caesar suas copias in proximum collem subducit, aciem instruit
Rückgriff	ut erat ei praeceptum, ne proelium committeret,		nisi ipsius copiae prope hostium castra visae essent,
		ut undique uno tempore in hostes impetus fieret	
	monte occupato ... exspectabat		nostros
	abstinebat	proelioque	
multo denique die	et montem ab suis teneri	et Helvetios castra movisse	per exploratores Caesar cognovit
			et Considium, timore perterritum, quod non vidisset, pro viso sibi renuntiavisse
eo die		hostes	intervallo sequitur
		ab eorum castris	castra posuit

Kapitel 23

C. 23 setzt mit einer Zeitangabe ein: *postridie eius diei* ‚am folgenden Tag'. Die umständlich genaue Angabe ruft mit dem Genitiv *eius diei* noch einmal das Geschehen des Vortages in Erinnerung, des Tages, der durch drei Schauplätze gekennzeichnet war und mit der Angabe geendet hatte, daß Caesar den Feinden folgt und in ihrer Nähe das Lager aufschlägt.
Nach der Zeitangabe nennt C. zunächst ausführlich *(quod ... et quod ...)* zwei Gründe für sein danach im Hauptsatz geschildertes Tun; diese Gründe faßt er am Beginn des Hautsatzes noch einmal in der prädikativen Formulierung *rei frumentariae prospiciendum existimans* zusammen und kennzeichnet sie als Verpflichtung *(-nd-)* und Ergebnis einer Lageeinschätzung *(existimans)*: Es sind noch zwei Tage bis zur Getreideausgabe an die Soldaten und das vorratsreiche Bibracte liegt in der Nähe. Die Superlative machen Caesars Schwenk nach Bibracte besonders verständlich, er liegt einfach nahe. Es wird deutlich, wie Caesars Logistik im verbündeten Land funktioniert (so wie bei vielen Heeren auch in späterer Zeit): der Verbündete muß für Nachschub sorgen. Nach der ausführlichen Begründung folgt die Aktion, die nun das Wortfeld ‚Marsch' aus dem vorigen Kapitel aufnimmt: *iter ab Helvetiis avertit ac Bibracte ire contendit.*
Caesar gibt also – zunächst – eine in c. 22 als gelungen und aussichtsreich geschilderte militärische Bewegung und sein Ziel, die Gegner von mehreren Seiten – es hieß sogar *undique* (22,3) – anzugreifen, auf. Daher hat er es so ausführlich und nachdrücklich begründet. Daß dann auch Labienus nicht angreift, hat Caesar 22,3 dargelegt: Labienus soll nicht eher angreifen, als bis er Caesars Truppen nahe *(prope)* am Helvetierlager sieht *(visae essent)*. Noch aber hatte Caesar sein Lager drei Meilen entfernt aufgeschlagen (22,5).
§ 2 bildet einen kürzeren Übergang vom langen § 1, der Caesars Überlegungen und Aktionen schilderte, zum ebenso langen § 3, der die Meinungen und Reaktionen der Helvetier schildert. Daß Caesar von der Verfolgung des Helvetierzuges abläßt, wird den Helvetiern von entflohenen Heeressklaven gemeldet – Caesar vergißt nicht mitzuteilen, welchem römischen Reiterhauptmann sie entfliehen und daß es sich um die Schwachstelle der keltischen Reiter handelt.
Die §§ 1 und 3 umfassen jeweils etwa vier Zeilen,[31], 40 und 41 Wörter. In § 3 stehen die Helvetier als neues und reagierendes Subjekt am Satzanfang. Wieder werden zunächst zwei Begründungen genannt, jetzt nicht in einer Addition wie bei Caesar in § 1 *(quod ... et quod)*, sondern als zwei Möglichkeiten, ihr Verhalten zu erklären *(seu, quod ..., sive eo, quod ...)*; der erste Grund erhält durch die Hinzufügung *eo magis, quod ...* besonderes Gewicht: Die Helvetier glauben vielleicht, die Römer hätten Angst vor ihnen; Caesar zeigt, daß er weiß, auf welches Risiko er sich mit seinem Schwenk nach Bibracte einläßt: obwohl die Römer die Höhen besetzt hatten, haben sie die Helvetier nicht angegriffen; das mußte sie zu der Meinung führen, die Römer hätten Angst; der zweite Grund hat weniger Gewicht, kann aber als Folgegrund ebenfalls wahrscheinlich sein (wäre aber ‚rationaler' als der erste und wird deswegen von Caesar nur in zweiter Linie genannt): wenn die Römer schon vor uns weichen, könnten die Helvetier meinen, dann können wir doch gefahrlos ihren Nachschub stören.
Mit dem Plan *(consilio commutato)* ändert sich der Marschweg der Helvetier *(atque itinere converso)*, und ebenso wendet sich das Blatt: Folgte vorher Caesar den Helvetiern (21,3; 22,5), so folgen diese jetzt ihm *(insequi)*. Aber sie verhalten sich doch anders als Caesar. Caesar hatte Abstand gehalten (22,5). Die Helvetier sitzen der römischen Nachhut im Nacken *(a novissimo agmine insequi)* und fangen mit Provokationen an *(ac lacessere coeperunt)*.

Zur Texterschließung

Das ausgewogen komponierte, zwei Gegenbewegungen und ganz unterschiedliche Denk-

[31] Berechnung nach der Ausgabe des Verf. (s. o. S. 7, Anm. 4).

und Verhaltensweisen schildernde Kapitel, kann so erschlossen werden: Man gliedert das Kapitel in die drei Paragraphen und beobachtet die Länge der Paragraphen, ihre Subjekte, das Wortfeld ‚Weg und Marschieren', den Aufbau der beiden langen Sätze (mit Satzabbildung nach dem Einrücksystem) und die Rückbeziehungen des § 3 auf den § 1 sowie die Unterschiede im Verhalten der Römer und der Helvetier.

Satzabbildung zu § 1a:

HS	Postridie eius diei,
GS 1	quod omnino biduum supererat,
GS 2	cum exercitui frumentum metiri oporteret,
GS 1	et quod a Bibracte, oppido Haeduorum longe maximo et copiosissimo, non amplius milibus passuum XVIII aberat,
HS	rei frumentariae prospiciendum existimavit.

Caesar hat zwei ‚objektive' Gründe für die Änderung der Marschrichtung (Indikative *supererat, aberat),* sie ist eine Notwendigkeit *(-nd*-Form *prospiciendum).*

Die Helvetier haben subjektive Gründe (distanzierende Konjunktive *existimarent* – ohne hinzugefügte-*nd*-Form –, *commisissent, confiderent)* und Hoffnungen *(posse* bei *confiderent).* Sie ändern ihre Kriegstaktik und ihren Weg (zwei Verben des Änderns: *commutare, convertere;* bei Caesar nur *avertere*, auf den Weg bezogen). Das entspricht der Kennzeichnung der Gallier als wankelmütig *(Gall.* 4,5,1). Die Helvetier provozieren die Römer. Das entspricht ihrer Charakterisierung als kriegsliebend *(bellandi cupidi,* 1,4; *homines bellicosos,* 10,2).

Tafelbild zu Bellum Gallicum 1, 23

Caesar	**Helvetii**
objektive Gründe	*subjektive Meinungen und Hoffnungen*
quod ... biduum supererat, cum exercitui frumentum metiri oporteret	seu quod timore perterritos Romanos discedere a se existimarent
Truppenverpflegung	***Kampfenthaltung als Angst gewertet***
	eo magis, quod pridie superioribus locis occupatis proelium non commisissent
et quod a Bibracte, oppido Haeduorum longe maximo et copiosissimo, non amplius milibus passuum duodeviginti aberat	sive eo, quod re frumentari intercludi posse confiderent
Bibracte – die Vorratskammer	***Störung des Nachschubs***
rei frumentariae prospiciendum existimans	commutato consilio
unausweichliche Aktion	***Wankelmut***
iter ab Helvetiis avertit	atque itinere converso
ac Bibracte ire contendit	nostros a novissimo agmine insequi ac lacessere coeperunt
Kampfenthaltung	***Provokation***

Im ganzen sind die Kapitel 21–23 eine Wiederholung der Situation der Kapitel 15–16: Caesar braucht Nachschub, setzt alle Hebel in Bewegung, ihn zu beschaffen (vgl. c. 16). Er folgt den Helvetiern im Abstand, c. 15,5 jedoch fünfzehn Tage lang im Abstand von fünf bis sechs Meilen, c. 22,1 im Abstand von eineinhalb Meilen, c. 22,5 im „gewohnten" Abstand. Die Römer vermeiden Feindberührung, die Helvetier provozieren zum Kampf. Was ist anders geworden? Das Gespräch mit den Haeduern hat gezeigt, daß Caesar nicht nur Krieg, sondern auch Diplomatie beherrscht und beherrschen muß. Aufforderungen an die Haeduer, ihm mit Getreide zu helfen (c. 16), die Rede des Liscus (c. 17), das Gespräch mit Diviciacus und Dumnorix sowie die Observierung des Dumnorix (c. 18–20) haben gezeigt, daß Caesar und seine Soldaten ganz auf sich gestellt sind, auch im verbündeten Haeduerland auf feindlichem oder doch gefährlichem Boden stehen und sich nicht nur auf den eventuellen Kampf mit den Helvetiern beschränken können. So wird die Atmosphäre immer dichter, die Not und der Mut Caesars werden immer klarer, der Marsch nach Bibracte wird immer unausweichlicher.

Kapitel 24

Caesar reagiert nun. Die Situation ist zu gefährlich. Das Kapitel beginnt mit dem Rückverweis *id* (das meint: *Helvetii... nostros ... insequi ac lacessere coeperunt*, 23,3); *id* ist Objekt zu *animadvertit* und steht in einem *postquam*-Satz: Caesar merkt die Provokation und ist schon beim Schritt danach *(postquam id animadvertit)* geschildert: *copias... subducit equitatumque... misit.* Wieder zwei Aktionen wie in 21,4: Das Heer wird zu einem bestimmten Ort geführt, die Reiterei wird ausgeschickt, diesmal nicht zum Auskundschaften, sondern zum Aufhalten des Gegners. Der Attributsatz gibt dieses Ziel an und steht im finalen Konjunktiv.
Mit *ipse* (§ 2) wird von der Reiterei wieder zur Infanterie gewechselt: Die Soldaten werden in Schlachtordnung aufgestellt: vier Veteranenlegionen in der Mitte eines Hügels, zwei neu ausgehobene Legionen (vgl. 10,3, wo es aber *ex Italia*, nicht wie hier *Gallia citerior* hieß) und alle Hilfstruppen auf der Spitze dieses Hügels. Von den letztgenannten soll auch der Troß geschützt werden (§ 3).
Die §§ 4–5 berichten sodann von den Helvetiern und stellen parallel zu dem vorangegangenen Bericht über die Römer dar, was diese mit ihrem Troß anstellen und wie sie die Schlachtordnung bilden. Wie die Römer konzentrieren sie den Troß an einem Ort, von dessen Sicherung wird jedoch nichts gesagt. Die Schlachtreihe der Helvetier ist zusammengeballt *(confertissima)* im Gegensatz zur auseinandergezogenen, den Raum überall bedeckenden der Römer. Und sie wirft die römische Reiterei zurück, bildet eine rechteckige Kampfformation (Phalanx) und rückt bis zur ersten Schlachtreihe der Römer vor.

Zur Texterschließung

Die Texterschließung des Kapitels kann also so erfolgen: Ausgehend vom Rückverweis *id* und seiner Einordnung in einen *postquam*-Satz kann man zunächst den Beginn der Reaktion Caesars verfolgen: *copias suas Caesar in proximum collem subducit.* Dann kann man die Reaktion anhand folgender Beobachtungen weiter verfolgen:

(a) Welche Akteure sind außer Caesar genannt (in 4–5 die Helvetier)?
(b) Wo finden sich andere Ausdrücke zum Thema ‚Truppe' und zum Thema ‚Aufstellung, Führung'?
(c) Welche weiteren Informationen werden zur Erläuterung des mit der Truppenaufstellung verfolgten Ziels gegeben?

Die Beobachtungen zu (a) führen auf die Einteilung des Kapitels in einen Caesarabschnitt (§§ 1–3) und einen Helvetierabschnitt (§§ 4–5).

Die Beobachtungen zu (b) führen auf die Wortfelder und auf ihre Einordnung in die einzelnen Sätze.
Die Beobachtungen zu (c) führen auf die finalen *ut*-Sätze und auf die Feststellung, daß solche bei der Darstellung, wie die Helvetier vorgehen, fehlen. Die Helvetier handeln einfach, Caesar überlegt und hat vorher überlegte Ziele.
Die Beobachtungen zu (b) und (c) führen auch auf die vielfältige und genaue zeitliche und örtliche Detaillierung bei der Darstellung des römischen Vorgehens (§ 2: *interim, in colle medio; § 3: in summo iugo . . . interea).*

Das Wortfeld ‚Truppen' und das Wortfeld ‚Führen, Aufstellen' kann auf einer Folie mit dem Text des Kapitels in der zu c. 4 beschriebenen Weise markiert oder beim Overlayverfahren eingesetzt und herausgenommern werden, so daß sich wieder verschiedene Möglichkeiten ergeben, den Wortschatz nach der Lektüre zu festigen oder durch die Wortschatzerarbeitung den Inhalt des Kapitels zu erschließen.

Truppen	**Führen, Aufstellen**
copiae	subducere
equitatus, us	mittere, misi, missum
triplex acies, ei	instruere
legio veterana	
legiones conscribere	
auxilia	conlocari
	montem hominibus complere
sarcinae	in unum locum conferre
superior acies	consistere, stiti
munire	iubere, iussi, iussum
carrus	sequi
impedimenta, orum	in unum locum conferre
confertissima acies	
equitatum reicere, icio, ieci, iectum	
phalanx, angis f.	
phalangem facere	
sub aciem	succedere, cessi, cessum

Kapitel 25

Kapitel 25 wechselt wieder zu Caesar und den Römern. Aktion für Aktion wird nun in Perfektformen geschildert, wobei die Sätze in stärkerem Ausmaß prädikative Partizipien und Ablative mit Prädikativa enthalten, wie dies für die Schilderung geschehensreicher Abläufe mit vielen Teilaktionen oder Teilaspekten charakteristisch ist. Entsprechend bietet sich dieses Kapitel für eine *lineare Erschließung* an, die die Schwerpunkte eines Satzes – Verbalinformationen – beachtet, feststellt, ob diese selbständig (S) oder bezogen (B) formuliert sind, dann Satzabbildungen zu den einzelnen Sätzen erstellt und schließlich zur detaillierten Satzerfassung übergeht. Die Kennzeichnung der Verbalinformationen und unterordnenden Konnektoren sieht so aus:

Caesar primum suo, deinde omnium ex conspectu remotis [B] equis, ut aequato [B] omnium periculo spem fugae tolleret [B], cohortatus [B] suos proelium commisit [S].
Milites e loco superiore pilis missis [B] facile hostium

phalangem perfregerunt. Ea disiecta gladiis destrictis in eos impetum fecerunt. Gallis magno ad pugnam erat impedimento, quod pluribus eorum scutis uno ictu pilorum transfixis et conligatis, cum ferrum se inflexisset, neque evellere neque sinistra impedita satis commode pugnare poterant, multi ut diu iactato bracchio praeoptarent scuta e manu emittere et nudo corpore pugnare. Tandem vulneribus defessi et pedem referre et, quod mons suberat circiter mille passuum, eo se recipere coeperunt. Capto monte et succedentibus nostris Boii et Tulingi, qui hominum milibus circiter quindecim agmen hostium claudebant et novissimis praesidio erant, ex itinere nostros latere aperto adgressi circumvenire et id conspicati Helvetii, qui in montem sese receperant, rursus instare et proelium redintegrare coeperunt. Romani conversa signa bipertito intulerunt: prima et secunda acies, ut victis ac summotis resisteret, tertia, ut venientes sustineret.

Auf römischer Seite werden Aktionen in Perfektformen und Partizipien mit Zielangaben im *ut*-Satz dargestellt (§§ 1–2). Auf gallischer Seite werden Zustände im Imperfekt, in Partizipien und in Infinitiven dargestellt, verbunden mit langwierigen Kausal-, Temporal- und Konsekutivsätzen. Erst dann wird ein Ergebnis, eingeleitet durch *tandem,* im Perfekt dargestellt, das aber wiederum ein Beginnen, also einen Vorgang, beschreibt: ... *coeperunt.* Auch dieser Satz enthält Kausalgründe, die von außen kommen: Die Helvetier sind erschöpft, der Berg ist zufällig da, also beginnen sie sich dorthin zurückzuziehen.
Der nächste Satz (§ 6) wiederholt dies, sein Prädikat ist erneut *coeperunt.* Davor aber stehen sehr viele Prädikativa, Infinitive und erläuternde Attributsätze, die einen sehr langen Satz bilden und das Hin- und Herwogen der Aktionen der Helvetier abbilden. Zur Einheit wird dies außer durch die vielen Prädikativa und Infinitive dadurch zusammengefaßt, daß das Hauptprädikat *coeperunt* nur einmal am Schluß steht und nicht doppelt gesetzt wird, einmal nach *circumvenire* und einmal am Schluß.
Zum Schluß wird wieder die römische Seite wie am Anfang des Kapitels geschildert: in klaren folgerichtigen Aktionen in Prädikativa und in einer Perfektform *(intulerunt)* mit Zielangabe in zwei Finalsätzen.

Die *Texterschließung* durch lineare Satzerschließung ist am Anfang der Textverlaufsbeschreibung dargestellt.

Kapitel 26

Kapitel 26 faßt am Anfang das Geschehen zusammen, das in c. 23–25 geschildert wurde und in c. 25 in einer kriegerischen Auseinandersetzung kulminierte, und bringt als neue Aspekte die Länge und die Heftigkeit bzw. Intensität des Kampfes: *ita ancipiti proelio* ***diu*** *atque* ***acriter*** *pugnatum est.*
Das Wortfeld ‚Kampf'/‚Schlacht' durchzieht das gesamte Kapitel: § 1: *proelio, pugnatum est, sustinere, impetus, se receperunt, ad impedimenta ... se contulerunt;* § 2: *proelio, pugnatum sit, aversum hostem;* § 3: *ad impedimenta pugnatum est, pro vallo carros obiecerant, e loco superiore in nostros venientes tela coniciebant, inter carros rotasque mataras ac tragulas subiciebant nostrosque vulnerabant;* § 4: *esset pugnatum, impedimentis castrisque nostri potiti sunt, ... captus est;* § 5: *ex eo proelio, superfuerunt,* auch *ierunt* und *pervenerunt, propter vulnera militum et propter sepulturam occisorum, sequi;* § 6: *eodem loco, quo Helvetios, habiturum* (schwer als zu diesem Wortfeld erkennbar), *cum omnibus copiis eos sequi.*
Der Aspekt der Länge wird im zweiten Satz im Komparativ wieder aufgenommen und steht am Anfang: *diutius;* lange haben die Helvetier gekämpft, aber jetzt können sie nicht länger den Sturmangriffen der Römer standhalten; Caesar betrachtet seine Soldaten zusammen mit den römischen Lesern, deutet

auf sie und nennt sie ‚die Unseren', ‚unsere Leute'. Der Gegner wird in zwei Gruppen aufgeteilt: *alteri – alteri*. Beide machen Rückzugsbewegungen, die einmal deutlich im Prädikat als *se ... receperunt*, einmal neutraler als *se contulerunt* bezeichnet werden. Die verschiedenen Ziele werden als Präpositionalobjekte genannt: *in montem – ad impedimenta et carros suos*. Das zweite Zielobjekt kennzeichnet an sich einen Rückzug, so daß dort das Verb nicht so eindeutig sein mußte; aber, wie später § 3 zeigt, wird auch der Troß zum Kampfplatz. Der Weg zum ersten Ziel, dem Berg, wird nicht nur durch das Prädikat *se receperunt* als Flucht und Rückzug gekennzeichnet, sondern auch durch das hinzugefügte *ut coeperant*; es handelt sich um eine längst begonnene und sich langsam verstärkende Rückzugsbewegung.

§ 2 leitet mit *nam* eine Erläuterung freierer Art ein, die vor allem erklären soll, warum die Helvetier nicht mehr länger standhalten konnten. Die Betrachterperspektive bleibt die der römischen Seite: Im Rückblick teilt der Autor mit: *aversum hostem videre nemo potuit,* nimmt also den Aspekt des Rückzugs im Gegenbegriff *aversum hostem* auf und verdeutlicht das einleitende Resumé *acriter pugnatum est.* Vor diese Feststellung ist ein Gegengrund gesetzt: *cum ab hora septima ad vesperum pugnatum sit*; damit wird der Aspekt der Zeitdauer wieder aufgenommen, der eingangs mit *diu pugnatum est* beschrieben worden war. Der dritte Satz konkretisiert also den ersten Satz, setzt dessen beide Aspekte *diu atque acriter pugnatum est* nunmehr in einen denkbaren Gegensatz und begründet so die Mitteilung des Rückzugs im zweiten Satz.

Der vierte Satz (§ 3) ordnet dem eine Steigerung zu, die durch *etiam* signalisiert wird. Der Satz nimmt Mitteilungen der vorigen Sätze auf *(ad impedimenta*, vgl. § 2), führt sie weiter *(ad multam noctem*, vgl. vorher ... *ad vesperum*) und bringt in einem *quod*-Satz eine erläuternde Begründung, wieso auch noch beim Troß gekämpft worden ist; auch in diesem *quod*-Satz spielt der Aspekt der Dauer in den Imperfektformen *coniciebant, subiciebant* und *vulnerabant* eine Rolle.

§ 4 nimmt diesen Aspekt der Dauer, der seit dem ersten Satz des Kapitels eine Rolle spielte, erneut auf, ebenso den am Ende des § 1 als ein Fluchtziel genannten Troß, dem das helvetische Lager zugeordnet wird: Nach langem Kampf bemächtigen sich die Römer, die Caesar weiter *nostri* nennt, des Trosses und des Lagers der Helvetier.

Die nächsten beiden Sätze nehmen am Anfang bereits genannte Schauplätze wieder auf, den Troß und das Lager *(ibi)* und ebenso den gesamten Kampf oder – wahrscheinlicher – die beim Troß gelieferte Schlacht *(ex eo proelio)*. Im Lager werden die Tochter des Orgetorix und einer seiner Söhne gefangen. Aus der Schlacht entkommen ca. 13000 Menschen. Sie marschieren die ganze (§ 5: *ea tota nocte)*, schon lang angebrochene (§ 3: *ad multam noctem)* Nacht. Der Begriff des ununterbrochenen Marschierens während der ganzen Nacht wird am Beginn des folgenden Satzes wiederholt: *nullam partem noctis itinere intermisso*. Dann aber macht Caesar einen Sprung im Bericht, geht auf den vierten Tag des Marsches über *(die quarto)* und schildert dessen Ergebnis: Die Fliehenden kommen zu den Lingonen. Offenbar hat Caesar mit *nullam partem noctis* nicht nur die zweimal erwähnte Kampfesnacht, sondern jede Nacht auf der Flucht gemeint.

An die Mitteilung, daß die Helvetier zu den Lingonen gelangen, schließt Caesar einen *cum*-Satz an: Die Römer sorgten für ihre Verwundeten und Toten und hielten sich daher drei Tage lang am Kriegsschauplatz auf. Der *cum*-Satz könnte also zwar kausal sein, denn er gibt auch eine Ursache dafür an, warum die Helvetier ungehindert zu den Lingonen gelangen. Kausale *cum*-Sätze gehen jedoch in der Regel der Mitteilung der Folge voran. Es ist also wahrscheinlich, daß dieser *cum*-Satz adversativ ist: Die Helvetier fliehen und erreichen lingonisches Gebiet, *während* die Römer sich um ihre Verwundeten und Toten kümmern, dadurch drei Tage lang aufgehalten werden und den Helvetiern nicht folgen können. Die kausale Bedeutung kann aber mitschwingen, die generelle Konjunktion *cum* läßt sich ja in der Bedeutung nicht eindeutig festlegen. Caesar interessieren – jedenfalls an dieser Stelle – Sorge um Verwundete und letz-

Tafelbild und Aufstellung zu Bellum Gallicum 1, 26

ancipiti proelio

diu — atque — acriter

Länge — pugnatum est — **Intensität**

cum (Helvetii) diutius sustinere non possent — nostrorum impetus
römischer Angriff

alteri se in montem receperunt — alteri ad impedimenta ... se contulerunt

hoc toto proelio — nam

helvetischer Rückzug

cum ab hora septima ad vesperum — pugnatum sit — aversum hostem videre nemo potuit

Länge — **helvetischer Widerstand**

ad multam noctem etiam — ad impedimenta — pugnatum est — propterea quod ...
coniciebant
subiciebant
vulnerabant

– ba –

die helvetischen **Kampfeshandlungen** **sind**
lange (– ba –) **und** ***intensiv*** **(drei Aktionen)**

diu cum — esset pugnatum

impedimentis castrisque — nostri potiti sunt

römischer Sieg

ibi
Orgetorixkinder gefangen — ex eo proelio

130 000 Helvetier überleben und fliehen

ierunt — tota nocte — continenter

itinere intermisso — nullam partem noctis — cum nostri

triduum morati

in fines Lingonum — pervenerunt — die quarto

eos ← – · – · – · – sequi non potuerunt

Caesar

ad Lingonas ← ~~~~ litteras nuntiosque misit

frumento iuvarent — eos ~~~~ ne

qui si iuvissent — eodem loco quo Helvetios — se habiturum

alternative Drohung

triduo intermisso — **ipse**

cum omnibus copiis

eos ⇐ sequi coepit

te Ehrung der Toten nicht an sich, sondern nur als Ursache einer Verzögerung: *et propter vulnera militum et propter sepulturam occisorum* ist alles, was er sagt.
In § 5 ist von den Römern als *nostri* die Rede, und Caesars eigene Verantwortung wird gar nicht erwähnt, weder im positiven Sinn, daß er es ist, der seine Leute zurückhält, damit sie die Verwundeten versorgen und die Toten bestatten, noch im negativen Sinn, daß er einfach nicht merkt, daß die Helvetier fliehen, oder nicht rechtzeitig anordnet, sie zu verfolgen. Dafür tritt er im nächsten Satz als umso triumphalerer Machthaber auf: Sein Name steht am Anfang, und geschildert wird, daß er einen Brief an die Lingonen schickt, mit dem er sie warnt, die Helvetier zu unterstützen. Die Helvetier sollen ausgehungert werden, gleichsam ‚zwischen den Fronten' zerrieben werden und umkommen oder keine Ruhe mehr haben. Widrigenfalls drohe den Lingonen dasselbe Schicksal wie den Helvetiern, teilt Caesar mit, in einer kurzen, lakonischen Umschreibung, die dennoch direkt ist *(qui si iuvissent, se eodem loco, quo Helvetios, habiturum)*. Das Aushungern und Zerreiben dient der Kriegsverkürzung und -beendigung und ist insofern grausamer als sein Verhalten gegenüber den Mandubiern, bei dem man vielleicht Nachschubschwierigkeiten vermuten kann *(Gall.* 7, 78, siehe oben zu Kapitel 12).
Auch im letzten Satz steht Caesar am Anfang, jetzt durch *ipse* bezeichnet und zu den – vorausgesandten – Boten mit der Briefbotschaft an die Lingonen in Gegensatz gesetzt. Der Satz ist sehr unklar – trotz äußerlicher Überschaubarkeit. Wieder erscheint ein Dreitageaufenthalt: *triduo intermisso*; es ist offenbar ein neuer Dreitageabstand – zwischen Aussendung der Posten und eigenem Aufbruch. Caesar bricht mit allen Truppen auf: *cum omnibus copiis*; das ist wohl der Gegensatz zu *litteras nuntiosque*.
Er beginnt, „sie" zu verfolgen, „ihnen" zu folgen. Mit *eos* müssen also die Helvetier gemeint sein; *eos* bezieht sich somit auf *Helvetios* aus dem unmittelbar vorhergehenden Satz und ist insofern ein ganz gewöhnlicher Rückverweis. Aber das Wort *Helvetios* stand in einem Gliedsatz innerhalb einer eingeschobenen indirekten Rede. Der letzte Satz des Kapitels schließt hingegen mit *ipse* an den ersten Teil des § 6 an:

Caesar		*ad Lingonas litteras nuntiosque*	*misit, ne eos . . . iuvarent*
ipse	*triduo intermisso*	*cum omnibus copiis*	*eos sequi coepit.*

Dies zeigt: Caesar wechselt unbekümmert zwischen dem Tatenbericht und der Wiedergabe des Briefes hin und her.
Der Vergleich der beiden Sätze zeigt auch: Die Aufforderung an die Lingonen, den Helvetiern nicht zu helfen, und seine eigene Verfolgung der Helvetier sind zwei Teile einer einzigen Aktion oder zwei – um drei Tage gegeneinander verschobene – parallele Aktionen: Die Helvetier sollen von den Lingonen zurückgewiesen und Caesars Truppen geradezu in die Arme getrieben werden.

Zur Texterschließung

Zunächst können die Begriffe des Wortfelds ‚Kampf/Schlacht' gesammelt werden, wobei möglichst bei jedem Wort bereits eine Einordnung in den Satz geleistet werden sollte. Vor oder nach dieser Sammlung können die Zeitangaben und die verwendeten Tempora beobachtet werden. (Was zuerst gemacht wird, kann man den Vorschlägen, Aktivitäten oder Beobachtungen der Schüler überlassen.) Anhand der Tempusbeobachtungen, Zeitbegriffe und wechselnden Begriffe zum Thema ‚Kampf/Schlacht' ist eine Verlaufsbeschreibung und Gliederung des Kapitels möglich. Danach kann jeder Satz, soweit erforderlich, weiter grammatisch besprochen und sodann übersetzt werden.

Kapitel 27

Entsprechend dem Ergebnis des Kapitels 26 kann Kapitel 27 sogleich mit dem Ergebnis von Caesars Planung beginnen: Der erste Satz ist in zwei rhythmisch ähnliche, in sich wieder zweiteilbare Abschnitte (von 16 und 15 Silben) gegliedert:

Helvḗtii ṓmnium rḗrum inópiā addúcti
1 2 34 5 6 7 8 9 10 11 1213 14 15 16

legā́tōs de déditiṓne ad éum misḗrunt.
1 2 3 4 5 6 78 9 10 11 12 13 14 15

Not *(omnium rerum)* und Niederlage *(de deditione)* sind total, Vokalwiederholungen zeigen dies zusammen mit der einprägsamen Formulierung *(-um -um de dediti-one ad eum miserunt)*.

Der zweite Satz führt das Thema weiter aus. Im *cum*-Satz werden die helvetischen Gesandten mit *qui* und Caesar (aus 26,6) in *eum* zusammengebracht. Sie treffen ihn auf seinem 26,6 *(sequi coepit)* geschilderten Heereszug gegen die geflohenen Helvetier *(in itinere)*. Sein Plan, die Helvetier zu zerreiben, ist also fast schon aufgegangen. Der Begriff *deditio* kehrt in dem Wort *paruerunt* wieder, das allein (oder mit *qui)* den ganzen Hauptsatz bildet. Vorher genießt der Autor zusammen mit seinen Lesern die vielen, fast melodramatisch wirkenden *(suppliciterque locuti flentes)* Anstrengungen der Helvetier, Caesar zur Annahme der Kapitulation zu bewegen. Diese Anstrengungen sind erneut durch gleiche oder ähnliche Klänge nachdrücklich dargestellt: *convenissent – proiecissent – petissent*; ferner durch die Alliterationen (auf *i* und *p)*. Auch daß Caesar den Helvetiern befiehlt, nicht weiter zu marschieren, sondern zu warten, bis er mit seinem großen Heer bei ihnen ist, wird in diese Klangreihe eingebaut, wobei die Formulierung um Überdeutlichkeit bemüht ist: *atque **eos** in **eo** loco, **quo** tum essent, suum adventum exspectare iussisset.*

§ 3 nimmt dies wieder auf: *eo postquam Caesar pervenit;* ebenso nimmt er den *issent*-Klang und die *p*-Alliteration wieder auf. Der Satz ist kurz und läßt die Barschheit der Forderung ahnen. Die Helvetier haben nichts mehr zu sagen, sie haben – wie § 1 zeigte – zu gehorchen.

§ 4 zeigt am Anfang sofort das Ergebnis von Caesars Forderung: In einem *dum*-Satz wird alles von Caesar Geforderte als Sachen bezeichnet *(ea* faßt *obsides, arma, servos* zusammen) und das Zusammensuchen dieser „Sachen" in Parallele mit einem neuen Vorgang gesetzt, der breit erzählt wird und die Motive eines Ausbruchs unterstellt. Zunächst wird mit der Zeitangabe *nocte intermissa* verdeutlicht, daß das Zusammensuchen des Geforderten lange dauert und die Nacht beim Folgenden eine Rolle spielt. Sodann werden die Akteure des Kommenden nach Zahl und Herkunft möglichst genau beschrieben. Dann werden zwei sich nicht ausschließende *(sive – sive)* Motive ihrer Aktion genannt. Beides sind zunächst Kausalgründe, die als Prädikativa mit vorausgehendem Ablativus instrumenti (causae) ausgedrückt werden. Dabei weist der erste Grund in Vergangenheit und Gegenwart: *timore perterriti;* der zweite verweist in Gegenwart und Zukunft: *spe salutis inducti.* Jedem Prädikativum ist aber noch ein Gliedsatz angefügt, wobei der erste ein von *timore* abhängiger Wunschsatz ist, der sich einem Finalgrund nähert *(ne ... supplicio adficerentur* – das wollen sie vermeiden), der zweite ein von *inducit* abhängiger Kausalsatz, der eine Ansicht der Fliehenden als Kausalgrund nennt *(quod ... existimarentur)*, wobei diese Ansicht wiederum etwas Zukünftiges zum Inhalt hat *(suam fugam aut occultari aut omnino ignorari posse)*. Caesar stellt somit sehr treffend die Verbindung von Angst und Hoffnung, von Ursachen und Zielen dar. Nach der Nennung der Motive wird die Zeitangabe präzisiert: *prima nocte.* Dann erst wird die Aktion in zwei Teilen geschildert: *... egressi ... contenderunt.* Der Satz ist ein erneutes Beispiel für Gründe und Wirkungen des Partizipialstils: Viele Aspekte eines Vorgangs werden zu einem Großsatz zusammengefaßt (vgl. 8,4).

Das Kapitel 27 besteht also insgesamt aus vier Sätzen. Der zweite Satz ist durch relativischen

Anschluß *(qui)* eng mit dem ersten Satz verzahnt, so daß man die §§ 1–2 auch als einen Großsatz auffassen könnte. § 3 ist hingegen durch *eo*, ein Demonstrativpronomen, eingeleitet und insofern deutlich abgesetzt. Ebenso verzichtet § 4 auf einen relativischen Anschluß und beginnt mit *dum ea* ... Das Kapitel hat also zwei lange Rahmenteile (1–2, 4) und einen kurzen Mittelteil (3). Der erste – große – Abschnitt schildert in einer Mischung von Partizipial- und Gliedsatzstil die Kapitulation der Helvetier. Der kleine Mittelabschnitt schildert die Forderungen Caesars. Der dritte – besonders große – Abschnitt schildert im Partizipialstil und mit einigen Gliedsätzen, daß die Helvetier von ihrem eigenen Unterwerfungsangebot schon wieder abweichen.

Zur Texterschließung

Es bietet sich eine Satzerschließung nach dem zu c. 25 dargestellten Muster an. Eine satzübergreifende Texterschließung könnte die Subjekte, ihren Wechsel sowie die folgenden Wortfelder feststellen und deren einzelne Bestandteile jeweils bei der Nennung durch die Schüler auch satzsyntaktisch einordnen lassen:

(a) ‚Kapitulation': *de deditione, ad pedes proiecissent suppliciterque locuti flentes pacem petissent, paruerunt* (Gegensatz: *... iussisset, ... poposcit), in tanta multitudine dediticiorum* (also Herausnahme einer Gruppe).

(b) ‚Veranlassung, Affekte': *omnium rerum inopia adducti, suppliciterque locuti flentes, sive timore perterriti, ne ..., sive spe salutis inducti, quod ...*

(c) Subjekte, Personen: Helvetii ... adducti legatos *(als Teil der Helvetier zu erkennen)* ad eum: qui cum eum ... convenissent seque ... proiecissent ... locuti flentes ... petissent atque eos ..., quo ... essent, suum adventum exspectare iussisset, paruerunt. ... Caesar pervenit, ... servos, qui ad eos perfugissent *(diese müssen als neue Person erkannt werden)*, poposcit. ... hominum milia sex eius pagi, qui Verbigenus appellatur *(diese müssen als Teilgruppe der Helvetier erkannt werden)* perterriti, ne ... adficerentur, sive ... inducti, quod in tanta multitudine dediticiorum *(dies muß als anderer Ausdruck für alle Helvetier erkannt werden)* suam fugam ... existimarent, ... e castris Helvetiorum egressi ... ad Rhenum finesque Germanorum *(neuer Volksname)* contenderunt.

——— = Helvetier - - - - - - = Teilgruppe der Helvetier
·········· = legati ~~~~~~ = Caesar

Ein *Tafelbild* könnte während oder nach der Texterschließung die Gewichtsverteilung in der Darstellung und den Bau des Kapitels darstellen: sehr viel Raum für die Unternehmungen der Helvetier, ihrer Gesandten und des Gaus Verbigenus, sehr wenig Raum für Caesars Anordnungen:

Tafelbild zu Bellum Gallicum 1, 27

Helvetii	paruerunt *(3 3/4 Zeilen)*[32]	*Kapitulation*
Caesar	poposcit *(1 1/4 Zeilen)*	*Forderung*
Verbigenus	egressi contenderunt *(5 1/2 Zeilen)*	*Verstoß*

[32] Berechnung nach der Ausgabe des Verf. (s. o. S. 7, Anm. 4).

Kapitel 28

Das Kapitel 28 ist durch die vielen Maßnahmen Caesars nach der Entdeckung der Flucht des verbigenischen Gaus geprägt. Die Entdeckung und das alles beherrschende Subjekt *Caesar* stehen am Anfang. Dann folgt Maßnahme nach Maßnahme; am Satz- oder Kolonanfang steht jeweils das Objekt der Maßnahme oder der Befehlsempfänger, am Ende (mit Ausnahme der eingeschalteten Erläuterungen und des letzten Satzes) jeweils ein Ausdruck des Befehlens, Anordnens, Veranlassens in der 3., das Subjekt *Caesar* wieder aufnehmenden Person. Entsprechend ergibt sich folgendes Tafelbild:

Tafelbild zu Bellum Gallicum 1,28

Voraussetzung: quod ubi resciit
Beherrschendes Subjekt: **Caesar**

Befehlsempfänger	**Inhalt/Objekt der Maßnahme**	**Maßnahme/Befehlsvorgang**
quorum per fines ierant, his	uti conquirerent et reducerent,	imperavit
	reductos	in hostium numero habuit
	reliquos omnes	in deditionem accepit
Helvetios, Tulingos, Latobrigos	... reverti	iussit
Allobrogibus,	ut iis copiam facerent,	imperavit
ipsos	... restituere	iussit
petentibus Haeduis,	Boios ut ... conlocarent,	concessit

Die *Texterschließung* kann diese Struktur erarbeiten, wenn der erste Satz linear erschlossen ist. (Man kann erkennen, daß Caesar das Subjekt bleibt, an den Satzenden Prädikate Maßnahmen ausdrücken und es also immer wieder von den Maßnahmen Betroffene oder Befehlsempfänger geben muß. Die Sätze, die von diesem ‚Schema' abweichen, lassen sich als auktorial erkennen (vgl. S. 78). Denn in ihnen erzählt Caesar nicht einfach, was er als Akteur tat, sondern schreibt seine Motive (oder erst später erfolgende Entwicklungen. wie in § 5 Ende) nieder, die ‚zukunftsträchtig' d. h. für die Sicherung des römischen Imperiums bedeutend sind. Diese beiden Sätze müssen also eigens behandelt und herausgehoben werden.

Die Aktionen Caesars werden im Eiltempo genannt. Die Flüchtlinge werden auf seinen Befehl von den Völkern, durch deren Gebiet sie gegangen sind, überwältigt und Caesar überstellt, weil sonst diese Völker selbst von Caesar Repressalien befürchten müssen. Das drückt der erste Satz verhüllt aus. Caesar unterstellt einfach, wenn Völker seine Feinde ungehindert durch ihr Gebiet ziehen ließen, seien auch sie seine Feinde. Die Rückführung der Geflohenen soll sie von diesem Verdacht oder Vorwurf freisprechen *(si sibi purgati esse vellent)*. Sie kommen dieser Erpressung der Supermacht oder ihres Repräsentanten nach. Sie müssen offenbar den Flüchtlingen noch nachsetzen, als diese ihr Gebiet wieder verlassen haben – das zeigen die Tempusverhältnisse: *ierant – uti conquirerent et reducerent, imperavit;* das Plusquamperfekt *ierant* zeigt einen bereits früher erfolgten Vorgang und einen erreichten Zustand an.

Noch mehr wird die Behandlung der wieder eingefangenen Entflohenen umschrieben: *reductos in hostium numero habuit:* Sie wurden also wohl versklavt.

Danach schildert Caesar, was mit allen Helvetiern, die gefangenen Flüchtlinge ausgenommen, geschieht; sie werden mit *reliquos omnes* umschrieben. Dann wird zunächst gezeigt, daß die 27,3 geschilderte Forderung Caesars vollzogen und erfüllt wird:

27,3: *obsides, arma, servos, qui ad eos perfugissent,*	*poposcit*
28,2: *obsidibus, armis, perfugis*	*traditis.*

(Die Stelle 27,3 kann also auch als Definition von *perfuga* dienen.)
Dann wird die Bitte der Helvetier (27,1–2: *legatos de deditione ..., pacem petissent)* erfüllt: *in deditionem accepit.* Der Satz schildert knapp und lapidar die Annahme einer Kapitulation Zug um Zug gegen Reparationsleistungen. *In deditionem accipere* steht im Gegensatz zu *in hostium numero habere. In hostium numero habere* bzw. *esse* bedeutet: physische Vernichtung oder Vernichtung der Existenz als freier, selbstbestimmter Mensch. *Deditio* bedeutet Unterwerfung unter fremde Macht und fremdes Recht, aber Rettung der physischen Existenz und der Selbstbestimmung im privaten Bereich. Dies zeigt sich im folgenden Text: *deditio* ist mit Fürsorge des Machthabers, politischem Gehorsam des Kapitulanten und Einräumung bestimmter Rechte an solche verbunden, die dafür als würdig befunden werden. (Insofern hält sich Caesar an die später von Vergil formulierte Maxime *parcere subiectis et debellare superbos, Aeneis* 6,853).
In den §§ 3–5 wird gezeigt, wie sich die *deditio* bei Beherrscher und Unterworfenen auswirkt. Zunächst werden die *reliqui omnes* in *Helvetios* wieder aufgenommen. Den Helvetiern werden die Tulinger und Latobrigen zugeordnet, zwei der 5,4 erwähnten Verbündeten der Helvetier. Dann wird Caesars Befehl berichtet: *in fines suos, unde erant profecti, reverti iussit.* Dies entspricht seiner Darlegung in 7,5, wo er jede Wanderung durch römisches Einflußgebiet verhindern wollte. In 14,6 hätten die Helvetier möglicherweise mehr haben können: einen – wenn auch bedingungsreichen – Vertragsschluß, für den Divico 13,3 folgenden Inhalt vorgeschlagen hatte: Bei einem Vertragsschluß marschieren die Helvetier dorthin und siedeln sich dort an, wo Caesar es will. Damit war möglicherweise jedes Gebiet außer dem Ausgangsgebiet gemeint. Sonst hätte die Auswanderung schon damals keinen Sinn gehabt – aber vielleicht wollte Caesar dies gerade in den Kapiteln 13–14 zeigen: Das Angebot Divicos ist unglaubwürdig. Dem Rückkehrbefehl (... *iussit,* 28,3) wird eine Fürsorgeanordnung an die Allobroger mit *et* angefügt. Die Allobroger, von den Helvetiern für leicht mobilisierbar gehalten (6,2–4) und durch ihr Verhalten erst recht in die Arme der Römer getrieben (6,2: *nuper pacati;* 11,5: *fuga se ad Caesarem recipiunt)*, sollen die Rückkehrenden mit Nahrung versorgen. Diese Anordnung wird besonders ausführlich begründet und dargestellt:

quod omnibus frugibus amissis
domi nihil erat, quo famem tolerarent
Allobrogibus imperavit, ut iis frumenti copiam faceret.

Damit ruft Caesar dreierlei ins Gedächtnis: (1) die Vernichtungsaktion der Helvetier, die 5,3 dargestellt wurde und die jetzt kompensiert werden muß, weil es doch zur *domum reditio* gekommen ist, die die Helvetier durch die Vernichtungsaktion gerade hatten ausschließen wollen; (2) die Verwüstungen, die die Helvetier auf ihrem Zug durch fremde Gebiete bei anderen Völkern anrichteten (11,3–6: *agri vastari, depopulatis agris, sibi praeter agri solum nihil esse reliqui, omnibus fortunis sociorum consumptis)*; (3) die mangelnde Unterstützung der Römer durch die Haeduer (c. 16; c. 23,1).
Caesar zeigt, wie sich Römer und ein römischer Feldherr selbst bei Unterworfenen der Versorgung annehmen und sie organisieren (so daß die oben (S. 46) ausgesprochene Vermutung, gegenüber den Mandubiern habe er in einer Not- und Zwangslage gesteckt, Wahrscheinlichkeit bekommt).
Nach der Nahrungsversorgung, die die Allobroger übernehmen müssen, steht die Rezivilisierung und Rekultivierung der Heimat

durch die Helvetier und ihre Bündnispartner selbst im Blickpunkt: *ipsos restituere iussit.* Dies ist erneut ein Gegenpunkt zu 5,3 *(oppida sua omnia, numero ad duodecim, vicos ad quadringentos, reliqua privata aedificia incendunt).* Für diese Maßnahme bringt Caesar keine ausführliche Begründung; während die Lebensmittelversorgung eine besondere Leistung seiner eigenen Organisation, des römischen Bündnissystems und römischen Verhaltens gegenüber Unterworfenen ist, ist der Wiederaufbau in der Heimat allein Aufgabe der Helvetier und ihrer Klienten und versteht sich von selbst. Wenn Caesar in einem eigenen, mit *id* angeschlossenen Satz doch eine ausführliche Begründung vorträgt *(id ea ratione fecit, quod...)*, so verweist er, was nicht unmittelbar einsichtig ist, mit *id* auf den Anfang von § 3 *(... reverti iussit)* oder hebt an dem Versorgungs- und Wiederaufbaubefehl nun vorwiegend *(maxime)* einen ordnungspolitischen und strategischen Vorteil für die Römer hervor: Das Helvetiergebiet soll nicht freistehen und die Germanen zum Kommen reizen, die dann zu Nachbarn der römischen Provinz Gallia Narbonensis und der verbündeten Allobroger würden.

Diese Begründung ist wieder sehr ausführlich und mit dem Bemühen um Überklarheit formuliert (ähnlich etwa 10,3, vgl. S. 40). Dies wird in der folgenden Darstellung der §§ 3–4 deutlich, in der die Ausdrücke für ‚Gebiet' untereinanderstehen:

Helvetios ...	in fines suos, unde erant profecti,		reverti iussit,	
quod noluit	eum locum, unde Helvetii discesserant,		vacare	
ne	propter bonitatem agrorum			
Germani,	qui trans Rhenum incolunt,			
	suis finibus			
	in Helvetiorum fines		transirent	
et	finitimi			essent
		Galliae provinciae		
		Allobrogibusque		

Überdeutlich wird immer wieder das Gebiet der Helvetier genannt und so in seiner Wichtigkeit als Schutz- oder Pufferzone für das römische Einflußgebiet gekennzeichnet.

Von den in 5,4 genannten Verbündeten werden schließlich noch die Bojer erwähnt (nur von den Raurakern sagt Caesar nichts mehr). Sie stehen wie alle anderen Befehlsempfänger in diesem Kapitel als Akkusativobjekt am Satzanfang. Dann werden erst die genannt, die die im folgenden beschriebene Anordnung Caesars auslösen: die verbündeten Haeduer, die ihn bitten. Danach steht der Grund der Bitte: Die Bojer sind extrem kriegstüchtig. Dann erst steht der Inhalt der Bitte, jedoch bereits als Gegenstand der Erlaubnis Caesars und als Akkusativobjekt formuliert: Die Haeduer „stellen" die Bojer in ihrem Gebiet „auf", die Ansiedlung dient also Kriegs- oder Verteidigungszwecken. Erst dann folgt, am Satzende, die Mitteilung, daß Caesar dies erlaubt.

Das Kapitel schließt mit einem Bericht über das weitere politische Schicksal der Bojer: Die Haeduer geben ihnen Land und räumen ihnen später die gleichen Rechte ein, die sie selbst haben.

Hinweise zur Texterschließung sind am Anfang dieser Darstellung nach dem vorgeschlagenen Tafelbild gegeben.

Kapitel 29

Am Anfang des – kühl-distanziert geschriebenen – Kapitels 29 wird der Begriff *tabulae* zweimal genannt. Diesem Wort sind als Information zugeordnet: *repertae sunt... litteris Graecis confectae,... ad Caesarem relatae, quibus in... nominatim ratio confecta erat.* So kann der erste Satz bis *erat* erschlossen werden.
Über dem folgenden steht nun der Begriff *ratio* (dessen deutsche Bedeutung ‚Rechnung' wohl angegeben werden muß). Er konkretisiert sich in einem abhängigen Fragesatz mit dem Stichwort *numerus*, dem ein Genitiv mit Attributsatz *(eorum, qui arma ferre possent)* angefügt wird; frei mit *item* angeschlossen werden vielerlei Begriffe von Personengruppen, deren Zahl in den Tafeln enthalten ist; sie stehen im Nominativ, sind also an *numerus* angeglichen, statt daß weiter wie bei *eorum* der Genitiv verwendet wird. Von diesen Gruppen teilt Caesar keine genauen Zahlen mit. Vielmehr nennt er dann die Zahlen der einzelnen Völker, die Gesamtzahl der aktiven Kämpfer und schließlich die Gesamtzahl aller Beteiligten. Dem schließt er die Zahl der Rückkehrer an, nachdem er mitgeteilt hat, daß er unter ihnen eine Zählung vorgenommen hat. 368000 Ausgewanderten stehen 110000 Rückkehrer gegenüber.
Den Verlust beziffert Caesar nicht, jeder kann sich die Zahl von 258000 Gefallenen, Versklavten, bei anderen Völkern Verbliebenen (z. B. die 32000 Bojer, vgl. 28,5) ausrechnen. Die Verluste sind sehr hoch, auch wenn man die Bojer nicht mit in die Rechnung einbezieht. Das scheint Caesar kein Wort wert, ebensowenig wie Plutarch in seinem Bericht über den Gallischen Krieg *(Caesar* 19,11–20,3)[33].
Auch an dem, was im Zusammenhang mit bestimmten Ereignissen nicht gesagt wird, nicht durch ein Wortfeld vertreten ist, kann man Rückschlüsse ziehen. Welche, worauf? Das Kapitel ist eine Statistik und steht in einem *Commentarius.* Aber dieser *Commentarius* ist eine politische Werbeschrift. Caesar lobt sich weder noch bedauert er die Gefallenen. Man könnte also nicht nur vom heutigen Standpunkt aus ein Wort der Rechtfertigung vermissen, sondern vom antiken Verhalten gegenüber Gegnern dessen Fehlen als normal ansehen oder aber sogar – vom Zweck der Schrift her – das Fehlen rühmender Worte als Zeichen bewußter Zurückhaltung[34].

Zur Texterschließung

Die Texterschließung kann von dem Wortfeld *tabulae/ratio* ausgehen *(tabulae, in tabulis, nominatim, ratio, confecta erat, numerus, omnium rerum summa,* die einzelnen Numeralia, *summa, censu habito, numerus)* und die einzelnen Personengruppen (vom Stichwort *nominatim* geleitet) feststellen. Dabei oder danach können die Sätze, wo nötig oder sinnvoll, im einzelnen grammatikalisch analysiert werden.

Kapitel 30

Kapitel 30 hat formal fünf Teile:

(1) Bericht (§ 1; *bello... convenerunt)* mit Feststellung, daß der Helvetische Krieg beendet ist und Gesandte aus ganz Gallien zu Caesar kommen.
(2) Rede der Gesandten in indirekter Wiedergabe, die das *gratulatum* aus § 1 verdeutlicht (§§ 2–3; *intellegere... haberent).*
(3) Bericht über eine Bitte der Gesandten mit betont am Anfang das neue Thema als den zweiten Teil der Rede kennzeichendem *petiverunt* (§ 4: *petiverunt... liceret).*
(4) Zweiter Teil der Gesandtenrede in indirekter Wiedergabe, der das erbetene *concilium* näher erläutert (§ 4: *sese... vellent).*
(5) Abschließender Bericht über Caesars Zustim-

[33] Vgl. den Zusatztext 54 Z in der Ausgabe des Verf. (s. o. Anm. S. 7, Anm. 4).

[34] Vgl. im Gegensatz dazu oben S. 46, mit Anm. 22.

mung und über die Vorbereitung des *concilium* (§ 5: *ea re permissa ... sanxerunt)*.

Im ersten Abschnitt betont Caesar die Wichtigkeit der Gesandtschaft und seines Sieges, indem er hervorhebt, daß es die Staatsführer sind, die zu ihm kommen *(principes civitatum)*.
In dem ersten Redebericht (zweiter Abschnitt des Kapitels) fällt syntaktisch auf, daß es sich um einen einzigen Satz mit vielen Untergliederungen durch unterordnende, gleichordnende oder korrespondierende Konnektoren handelt; semantisch fällt auf, daß – wie im ersten Abschnitt Caesar und die Römer – die Helvetier und die Gallier in vielfältigen Ausdrücken vorkommen, außerdem, daß eine Reihe aus den Kapiteln 1–29 bekannter Elemente wiedererscheinen.

Den Anteil der verschiedenen Gruppen an den einzelnen Informationen des ersten und des zweiten Abschnitts zeigt das Tafelbild:

Tafelbild zu Bellum Gallicum 1, 30

	Helvetii	Caesar/Romani	Galli
1	bello Helvetiorum confecto	ad Caesarem	totius fere Galliae legati principes civitatum gratulatum convenerunt
2	pro Helvetiorum iniuriis	populi Romani	
	ab his	poenas bello repetisset	intellegere sese
		eam rem	
		quam populi Romani accidisse	non minus ex usu terrae Galliae
3	eo consilio domos suas Helvetii reliquissent		uti toti Galliae bellum inferrent
	imperioque potirentur		
	locumque domicilio ... deligerent ...	*Absichten der Helvetier*	ex magna copia ..., quem ex omni Gallia
	iudicassent	*zum Schaden der Gallier*	opportunissimum ac fructuosissimum
	haberent		reliquasque civitates stipendiarias
4			petiverunt, uti sibi concilium totius Galliae ... indicere ... idque
		Caesaris voluntate	facere liceret
			sese habere ... res, quas ex communi consensu
		ab eo	petere vellent
5		permissa	ea re
			diem constituerunt ... communi consilio inter se

Die bereits bekannten Elemente sind im zweiten Abschnitt des Kapitels:

- *pro veteribus Helvetiorum iniuriis populi Romani ab his poenas bello repetisset;* vgl. 12,6–7: *veteribus – patrum nostrorum memoria; Helvetiorum iniuriis populi Romani* – vgl. *publicas iniurias; ab his poenas bello repetisset* – vgl. *ea princeps poenas persolvit.*
- *domos suas Helvetii reliquissent:* vgl. 2,1 *de finibus suis ... exirent.*
- *eo consilio, uti (toti Galliae bellum inferrent) imperioque potirentur:* vgl. 2,2: *totius Galliae imperio potiri* (so will es Orgetorix), 2,1: *Orgetorix ... regni cupditate inductus,* 3,8: *totius Galliae sese potiri posse sperant.*

Erstaunlich genug ist aber, was die gallischen Gesandten noch hinzufügen und bisher so nicht von Caesar gesagt worden ist:

- *florentissimis rebus:* trotz bester Verhältnisse hätten die Helvetier (aus Machtstreben) ihr Gebiet verlassen; gegenüber dieser Aussage kann man die Darstellung in Kapitel 2 direkt als zurückhaltend bezeichnen; es stellte die Größe des helvetischen Gebiets zwar erst am Schluß dar, sprach nicht von eventueller Bodenerschöpfung, dafür um so mehr davon, daß die geographischen Verhältnisse Kriegszüge erschwerten; aber nirgends hatte Caesar den Helvetiern wirtschaftliche Blüte bescheinigt.
- *toti Galliae bellum inferret:* vom Herrschafts- und Vorherrschaftsstreben der Helvetier war immer wieder die Rede gewesen, aber daß sie das ganze Gallien mit Krieg überziehen wollten, war bisher in Caesars im eigenen Namen gegebenem Bericht nicht so direkt gesagt worden. Sie erschienen als kriegerisch (c. 1, c. 2), Orgetorix schien den Krieg mit ins Kalkül zu ziehen *(se suis copiis suoque exercitu illis regna conciliaturum confirmat,* 3,7). Sie verübten Kriegshandlungen in allen Gebieten, in die sie kamen (c. 11). Aber bisher war dies immer gleichsam unvermeidlich mit dem Herrschaftsstreben oder der Wanderungsbewegung verbunden gewesen, keine erklärte Absicht.
- *locumque domicilio ex magna copia deligerent, quem ex omni Gallia opportunissimum ac fructuosissimum iudicassent, reliquasque civitates stipendiarias haberent:* Diese beiden Behauptungen sind ‚freie Variationen' des Themas *exirent* aus 2,1 und des Themas *imperio potiri* aus 2,2 und verstärken die dort gemachten Aussagen gewaltig: die Helvetier wollen das beste Land und die größte Macht.

Für Caesar selbst ist verräterisch, daß er dieses Kapitel einerseits doch wohl als nachdrückliche Bestätigung seiner eigenen Argumentation verwenden will, andererseits hier gerade auch das Argument zutage kommen läßt, das er vorher unterdrückt hat: Suche nach fruchtbarem Boden. Diesen Gesichtspunkt hatte er bisher sorgsam von dem mit ihm verbundenen *exire* getrennt, die Auswanderung diente bisher in seiner Darstellung nur dem Krieg. Nun ist hier das Ziel des *exire,* die Gewinnung guten – des besten – Ackerlands, so untrennbar mit dem Vorherrschaftsstreben verbunden wie vorher der Auswanderungsplan. Und daher kann er es jetzt aus dem Mund der gallischen Gesandten ohne Schaden für seine bisherige Argumentation aussprechen lassen, ja dies sogar zu seiner Unterstützung heranziehen: Die Helvetier sind so unverschämt, daß sie nicht nur die Vorherrschaft, sondern sogar den Besitz des besten Bodens anstreben.

Der dritte und der vierte Abschnitt des Kapitels dienen der Vorbereitung der Ariovistdarstellung. Die Gesandten zeigen zwar, daß sie in ihren Entscheidungen nunmehr auf Caesars Zustimmung Wert legen, und drücken dies mit besonders formeller Höflichkeit durch die Hervorhebung des Bittens und des Erlaubens aus: *idque Caesaris voluntate facere liceret.* Andererseits ziehen sie Caesar in ein neues Unternehmen hinein, das – so der Text – besonders gefährlich und wichtig ist, wenn es so sehr geheimgehalten werden muß *(quasdam res, iure iurando, ne quis enuntiaret, ... inter se sanxerunt).*

Damit kann Caesar von vornherein erweisen, daß der Krieg gegen Arivoist allein schon die notwendige Konsequenz der neugewonnenen Ordnungsfunktion Roms ist.

Zur Texterschließung
Zunächst kann das Kapitel grundsätzlich gegliedert werden (fünf Teile, s. o.). Dann kann der erste Satz linear erschlossen werden. Danach können in der Rede der Gesandten bekannte Wörter herausgefunden und in den Satzzusammenhang grammatikalisch eingeordnet werden. Dabei werden auch die Zusätze und Neuerungen erarbeitet, so daß sich eine Analyse der einzelnen Sätze ergibt.

Caesars ‚Bellum Helveticum' (BG 1, 1-30): Erzählzeit und erzählte Zeit

Kapitel	Inhalt	Zeitraum	Caesars eigene Zeitangaben
1	Gallien allgemein	im 1. Jh.	
2-3	Orgetorix und der Auswanderungsplan der Helvetier	61 v. Chr.	
4	Tod des Orgetorix	60	
5-6	Weiterverfolgung des Plans	60 - 28. März 58	6,4
7	Caesar eilt nach Gallien, in acht Tagen von Rom nach Genf	März/April 58 8 Tage	7,6
8	Der Weg durch das Gebiet der Allobroger wird versperrt		8,1 *interea*
9	Die Helvetier bitten Dumnorix um Vermittlung bei den Sequanern und beginnen den Auszug aus ihrem Gebiet	nach dem 13. April	7,6 *ad Id. April. reverterentur* 8,3 *ea dies, quam constituerat*
10	Caesar hebt in Italien Legionen aus, kehrt nach Gallien zurück und überschreitet die Grenze zwischen der Provinz Gallia ulterior und dem Gebiet der Allobroger		
11	Hilfeersuchen von Völkern, durch deren Gebiet die Helvetier ziehen		
12	Sieg über den Tigurinischen Gau		
13-14	Verhandlungen mit den Helvetiern	ca. 16. April	13,2 seit 20 Tagen sind die Helvetier an der Rhone, also seit dem 28. März
15	Beginn der Marschbewegungen der Römer und der Helvetier. Provokationen und kleine Siege der Helvetier	ca. 17. April von da an 15 Tage	15,1 *postero die* 15,5
16-20	Forderung an die Haeduer, Getreide zu liefern. Unterredungen mit Liscus, Diviciacus und Dumnorix		16,1 *interim*

Kapitel	Inhalt	Zeitraum	Caesars eigene Zeitangaben
21	Aussendung des Labienus und des Considius	eine Nacht	21,1 *eodem die:* noch am gleichen Tag wie die Unterredung mit Dumnorix und die Aussendung von Spitzeln 21,2 *de tertia vigilia* 21,3 *de quarta vigilia*
22	Zangenbewegung mißlingt wegen einer Falschmeldung des Considius. Bewegung beider Heerzüge im üblichen Abstand	ein Tag	22,1 *prima luce* 22,4 *multo denique die* 22,5 *eo die*
23	Caesar schwenkt nach Bibracte und wird von den Helvetiern angegriffen	am folgenden Tag	23,1 *postridie eius diei*
24	Heeresaufstellung	am selben Tag	
25	Schlacht	am selben Tag	
26	Sieg Caesars und Flucht der Helvetier ins Gebiet der Lingonen	am selben Tag, in der folgenden Nacht und weitere 3 Tage	26,2 *cum ab hora septima ad vesperum pugnatum sit* 26,5 *tota nocte ierunt* 26,5 *die quarto*
27	Gesandtschaft und Kapitulation der Helvetier	etwa am nächsten Tag und in der darauffolgenden Nacht	27,3 *suum adventum exspectare iussisset* 27,4 *nocte intermissa*
28	Ordnungsmaßnahmen Caesars in verschiedenen Gebieten	mehrere Tage	
29	Helvetische Bevölkerungsstatistik	–	
30	Gesandtschaften gallischer Stämme bei Caesar	nach dem Helvetierkrieg	30,1 *bello Helvetiorum confecto*

Literaturhinweise

(Die Angaben sind innerhalb der einzelnen Sachgruppen chronologisch angeordnet.)

1 Bibliographien, Forschungsberichte

(1) M. Rambaud: *Rapport sur César,* in: Ass. G. Budé, *Actes Congr.* Lyon 1958, Paris 1960, 205–238.

(2) J. H. Collins: *A selective survey of Caesar scholarship since* 1935, in: *The Classical World* 57, 1963/64, 45–51 und 81–88.

(3) H. Oppermann: *Probleme und heutiger Stand der Caesarforschung,* in: D. Rasmussen (Hrsg.): *Caesar,* Darmstadt 1967 *(Wege der Forschung* Bd. 43), 485–522.

(4) J. Kroymann: *Caesar und das Corpus Caesarianum in der neueren Forschung* (1945–70), in: *Aufstieg und Niedergang der römischen Welt. Geschichte und Kultur Roms im Spiegel der neueren Forschung* Bd. I 3, 1973, 457–487.

(5) H. Gesche: *Caesar,* Darmstadt 1976 *(Erträge der Forschung* Bd. 51).

(6) G. Meißner: *Kurzbibliographie zu Caesars Bellum Gallicum. Didaktische Literatur und Fundstellenverzeichnis,* in: F. Maier (Hrsg.): *Caesar im Unterricht. Unterrichtsprojekte. Hilfsmittel. Textinterpretationen,* Bamberg 1983 *(Auxilia 7),* 141 bis 151.

2 Wissenschaftliche Textausgaben, Kommentare, Spezialwörterbücher zum ‚Bellum Gallicum'

(7) *Bellum Gallicum,* ed. O. Seel, Leipzig [2]1968.

(8) *Kommentar zum Bellum Gallicum,* hrsg. von F. Kraner/W. Dittenberger/H. Meusel, mit Register und Nachträgen von H. Oppermann, Berlin 1959, Berlin/Zürich [20]1964–1966.

(9) *La guerre des Gaules. Avec les commentaires de Napoleon,* hrsg. von J. Haumort, Paris 1970. – deutsch: Caesar, *Der Gallische Krieg. Mit Bemerkungen Napoleons I.* Nach der Übersetzung von Ph. L. Haus neugefaßt von W. Hess..., Reinbek 1965, Nachdr. 1981 (Rowohlts Klassiker, Lateinische Literatur Bd. 8).

(10) H. Merguet: *Lexikon zu den Schriften Caesars und seinen Fortsetzern* (1884), Nachdr. Hildesheim 1963.

(11) H. Meusel: *Lexicon Caesarianum* (1887 bis 1893), Nachdr. Berlin 1958.

(12) R. Menge/S. Preuss: *Lexicon Caesarianum,* Berlin 1890.

(13) E. G. Sihler: *A complete lexicon of the latinity of Caesar's Gallic war* (1898), Nachdr. Amsterdam 1968.

(14) R. Lecrompe: *César, De bello Gallico. Index verborum,* Hildesheim 1968.

(15) B. F. Schümann: *Caesars Wortschatz. Vollständiges Lexikon zu den Schriften Bellum Gallicum, Bellum Civile, Bellum Africanum, Bellum Alexandrinum, Bellum Hispaniense sowie den Fragmenten,* Hamburg (Schümann) 1976.

Vgl. auch Nr. 125, 128.

3 Caesars Leben und Zeit

(16) E. Meyer: *Caesars Monarchie und das Principat des Pompeius,* Stuttgart 1918, [3]1922 (Nachdr. Darmstadt 1963).

(17) M. Gelzer: *Caesar, der Politiker und Staatsmann,* Stuttgart/Berlin 1921, Wiesbaden [6]1960.

(18) F. Gundolf: *Caesar. Geschichte seines Ruhmes,* Berlin 1924, Nachdr. Darmstadt 1968.

(19) G. Walter: *Jules César,* Paris 1947, deutsch Stuttgart 1955.

(20) H. Strasburger: *Cäsar im Urteil der Zeitgenossen,* in: *Historische Zeitschrift* 175, 1953, 225–264; 2. erw. Aufl. = Darmstadt 1968 (Libelli 158).

(21) F. Klingner: *C. Julius Caesar,* in: *Römische Geisteswelt,* München 1961, 90–109.

(22) M. Rambaud: *César,* Paris 1963 (Coll. Que Sais-Je, H. 1049).

(23) D. Rasmussen (Hrsg.): *Caesar,* Darmstadt 1967 *(Wege der Forschung* Bd. 43).

(24) O. Seel: *Caesarstudien, Der altsprachliche Unterricht* Reihe 10, Beiheft 1, Stuttgart 1967.

(25) H. Oppermann: *Julius Caesar in Selbstzeugnissen und Bilddokumenten,* Hamburg 1968.

(26) M. Grant: *Julius Caesar,* London/New York 1969, deutsch: *Caesar. Genie, Diktator, Gentleman,* Hamburg 1970.

(27) E. Kogon: *Caesar,* in: *Die Großen der Weltgeschichte* 2, Zürich 1972, 36–97.

(28) H. Bengtson: *Caesar,* in: *Kleine Schriften,* München 1974, 421–469.

(29) W. Hankel: *Caesar. Goldne Zeiten führt' ich ein. Das Wirtschaftsimperium des römischen Weltreiches,* München/Berlin 1978.

(30) Chr. Meier: *Caesar,* Berlin 1982.

4 Caesar als Feldherr

(31) Napoleon I.: *Übersicht der Kriege Caesars.* Vom Kaiser auf St. Helena dictiert, niedergeschrieben von Marchand. Aus dem Französischen, Stuttgart 1836.

(32) G. Veith: *Caesar als ‚Vater der Strategie'* (1928), in: D. Rasmussen (s. Nr. 23), 372–378.

(33) D. Armstrong: *Caesar's art of war,* in: *The Classical World* 32, 1939, 291–293.
(34) J. Vogt: *Caesar und seine Soldaten,* in: *Der altsprachliche Unterricht* II 2, 1956, 53–73.

5 Caesar als Schriftsteller (unter besonderer Berücksichtigung des ‚Bellum Gallicum')

5.1 Allgemein

(35) E. Howald: *Vom Geist antiker Geschichtsschreibung,* München 1944 (Nachdr. München 1964).
(36) K. Deichgräber: *Elegantia Caesaris. Zu Caesars Reden und Commentarii,* in: *Gymnasium* 57, 1950, 112–123 (= D. Rasmussen [s. Nr. 23], 208–223).
(37) U. Knoche: *Caesars Commentarii, ihr Gegenstand und ihre Absicht,* in: *Gymnasium* 58, 1951, 139–160 (= D. Rasmussen [s. Nr. 23], 224–254).
(38) F. E. Adcock: *Caesar as a man of letters,* Cambridge 1956, deutsch *Caesar als Schriftsteller,* Göttingen 1962.
(39) G. Luck: *Caesar als Schriftsteller,* in: *Die Sammlung* 12, 1957, 236–242.
(40) M. Gelzer: *Caesar als Historiker,* in: *Kleine Schriften* Bd. 2, Wiesbaden 1963, 307–335 (= D. Rasmussen [s. Nr. 23], 438–473).
(41) W. Richter *Caesar als Darsteller seiner Taten. Eine Einführung,* Heidelberg 1977.

Vgl. ferner Nr. 58, 60–64, 101–108.

5.2 Fortwirken

(42) H.-J. Tschiedel: *Zu Caesars literarischer Aktualität,* in: P. Neukam (Hrsg.): *Widerspiegelungen der Antike,* München 1981 (*Dialog Schule – Wissenschaft, Klassische Sprachen und Literaturen* XIV), 78–103.
(43) E. Mensching: *Caesar und die Germanen im 20. Jahrhundert,* Göttingen 1980 (*Hypomnemata* 65).

Ferner Nr. 9, 31, 164, 172.

5.3 Erzähltechnik und Textsyntax (Verwendung von Tempora, Modi, Diathesen)

(44) H. C. Nutting: *Caesar's use of past tenses in cum-clauses,* Univ. California Publ. V 1, Cincinnati 1918.
(45) J. J. Schlicher: *The development of Caesar's narrative style,* in: *Classical Philology* 31, 1936, 212–224.
(46) M. Andrewes: *Caesar's use of tense sequence in indirect speech,* in: *Classical Review* 51, 1937, 114–116.
(47) Ch. Maréchal: *L'emploi du passif dans César d'après le De bello Gallico,* Mém. Diplôme Et. Sup. Fac. Lettres Paris, vgl. *Revue des Études Latines* 17, 1939, 391.
(48) A. Marsili: *De praesentis historici usu apud Caesarem.* Lucca 1941.
(49) R. Richard: *Le parfait de subjonctif chez César,* Diplôme Et. Sup. Fac. Lettres Paris 1941, lt. *Revue des Études Latines* 19, 1941, 217.
(50) A. Ronconi: *Presente storico e varianti di Cesare,* in: *Studi Italiani di Filologia Classica* 18, 1941, 3–24.
(51) A. S. Pease: *Indirect discourse in Caesar,* in: *Festschr. Oldfather,* Univ. Illinois 1943, 154–156.
(52) R. Preiswerk: *Sententiae in Cäsars Commentarien,* in: *Museum Helveticum* 2, 1945, 213–226.
(53) C. T. Murphy: *The use of speeches in Caesar's Gallic war,* in: *The Classical Journal* 45, 1949, 120–127.
(54) M. Andrewes: *The function of tense variation in the subjunctive mood of oratio obliqua,* in: *Classical Review* 65 (NS 1), 1951, 142–146.
(55) C. Hyart: *Les origines du style indirect latin et son emploi jusqu'à l'époque de César,* Brüssel 1954.
(56) H. Schönfeld: *Bitemporaler Infinitiv,* in: *Der altsprachliche Unterricht* II 2, 1955, 15–29.
(57) Ch. Hyart: *La concordance des temps du subjonctif dans le style indirect de César,* in: *Festschr. Herrmann,* Brüssel 1960, 454–463.
(58) D. Rasmussen: *Caesars Commentarii. Stil und Stilwandel am Beispiel der direkten Rede,* Göttingen 1963.
(59) L. Schmüdderich: *Überlegungen zum Gebrauch des sog. Praesens historicum,* in: *Der altsprachliche Unterricht* XI 2, 1968, 61–67.
(60) F.-H. Mutschler: *Erzählstil und Propaganda in Caesars Kommentarien,* Heidelberg 1975.
(61) H. A. Gärtner: *Beobachtungen zu Bauelementen in der antiken Historiographie besonders bei Livius und Caesar,* Wiesbaden 1975 (*Historia Einzelschriften* 25).
(62) W. Görler: *Die Veränderung des Erzählerstandpunktes in Caesars Bellum Gallicum,* in: *Poetica* 8, 1976, 95–119.
(63) J. Latacz: *Zu Caesars Erzählstrategie* (BG I 1–29, *Der Helvetierfeldzug*), in: *Der altsprachliche Unterricht* XXI 3, 1978, 70–87.
(64) W. Görler: *Caesar als Erzähler,* in: *Der altsprachliche Unterricht* XXIII 3, 1980, 18–31.

5.4 Satzgrammatik (Satzglieder, Kasuslehre, Wortstellung)

(65) I. L. Johnson: *A study of the dative of purpose in Caesar,* in: *Transactions and Proceedings of the American Philological Association* 63, 1932, LVII.
(66) M. Deinhart: *Die Temporalsätze bei Caesar,* Diss. München 1936.

(67) W. S. Vogel: *Zur Stellung von esse bei Caesar und Sallust,* Diss. Tübingen 1937, Würzburg 1938.
(68) W. Jäkel: *Zur inneren Form lateinischer Prosasätze,* in: *Der altsprachliche Unterricht* I 3, 1952, 70–93.
(69) H. Steinthal: *Über den ablativus absolutus, speziell bei Caesar, und sein Verständnis,* in: *Der altsprachliche Unterricht* VIII 2, 1965, 78–100.
(70) T. A. McGill: *Caesar's forms and syntax,* New York 1966 (Barron's Educ. Ser.).

Ferner Nr. 160, 205.

5.5 Stil generell

(71) H. Oppermann: *Caesars Stil,* in: *Neue Jahrbücher für Wissenschaft und Jugendbildung* 7, 1931, 111–125.
(72) G. Rohde: *Ein Darstellungsmittel Caesars* (1931), in: *Studien und Interpretationen,* Berlin 1963, 143–148.
(73) E. Henschel: *Zur Versparung, einer Abart des apò koinoû, bei Caesar und Sallust,* in: *Gymnasium* 60, 1953, 52–53.
(74) Ch. W. Siedler: *Rhetorical devices in Caesar's Commentaries,* in: *The Classical World* 50, 1956, 28–31.
(75) G. Priesemann: *Entwurf einer allgemeinen Sprachtheorie am Beispiel des Lateinischen,* in: *Der altsprachliche Unterricht* IV 5, 1961, 58–86 (darin S. 85f.: Anhang: *Beispiel einer Schriftstelleranalyse und Stilbeschreibung* [als Abschlußdiktat für Schülerhefte]: Cäsars Stil).
(76) P. T. Eden: *Caesar's style. Inheritance versus intelligence,* in: *Glotta* 40, 1962, 74–117.
(77) E. Mensching: *Stilwandel als Stilmittel im Bellum Gallicum?,* in: *Helikon* 7, 1967, 487–492.
(78) W. H. Friedrich: *Multa Caesarem incitabant,* in: *Festschr. R. Stark,* Wiesbaden 1969, 200–214.
(79) R. L. B. Morris: *On the significance of the position of suus in Caesar, Bellum Gallicum I,* in: *The Classical Journal* 65, 1970, 363–364.
(80) W. Görler: *Ein Darstellungsprinzip Caesars,* in: *Hermes* 105, 1977, 307–331.
(81) I. Opelt: *‚Töten' und ‚Sterben' in Caesars Sprache,* in: *Glotta* 58, 1980, 103–119.

Ferner Nr. 161, 163.

6 Zum ‚Bellum Gallicum'

6.1 Zu Caesars Statthalterschaft in Gallien

(82) T. R. Holmes: *Caesar's conquest of Gaul,* Oxford 1911.
(83) C. Jullian: *Histoire de la Gaule,* Vol. III, Paris ^{3}1923, Nachdr. Paris 1971.
(84) L. A. Constans: *Guide illustré des campagnes de César en Gaule,* Paris 1929.
(85) J. Kromayer/G. Veith: *Schlachtenatlas zur antiken Kriegsgeschichte* V, Röm. Abt. III: *Cäsars Gallischer Krieg,* Leipzig 1929.
(86) W. Hoffmann: *Zur Vorgeschichte von Caesars Eingreifen in Gallien,* in: *Der altsprachliche Unterricht* I 4, 1952, 5–22.
(87) D. Timpe: *Caesars gallischer Krieg und das Problem des römischen Imperialismus,* in: *Historia* 14, 1965, 189–214.
(88) M. Rambaud: *L'armée de César pendant la conquête de la Gaule,* in: *L'Information Historique* 29, 1967, 193–203.
(89) J. Szidat: *Caesars diplomatische Tätigkeit im gallischen Krieg,* Wiesbaden 1970 (*Historia Einzelschriften* 14).
(90) D. Timpe: *Rechtsformen der römischen Außenpolitik bei Caesar,* in: *Chiron* 2, 1972, 277–295.

Ferner Nr. 25–34.

6.2 Interpretationen und Auslegungen zum ‚Bellum Gallicum'

(91) K. Barwick: *Wann und warum hat Caesar seine Commentarii geschrieben?,* in: *Der altsprachliche Unterricht* I 4, 1952, 23–39.
(92) A. G. Russell: *De bello Gallico* 1, 1–41, in: *Greece and Rome* 5, 1935, 12–21.
(93) F. Boemer: *Der Commentarius. Zur Vorgeschichte und literarischen Form der Schriften Caesars,* in: *Hermes* 81, 1953, 210–250.
(94) K. Barwick: *Kleine Studien zu Caesars Bellum Gallicum,* in: *Rheinisches Museum* 98, 1955, 51–72.
(95) H. Martin: *The image of Caesar in Bellum Gallicum I,* in: *The Classical Journal* 61, 1965, 63–67.
(96) T. A. Dorey: *Caesar: The Gallic War,* in: *Latin Historians,* London 1966, 65–84.
(97) H. Vretska: *Beobachtungen zu Caesars Bellum Gallicum I,* in: *Festschr. K. Vretska,* Heidelberg 1970, 290–303.
(98) H. Haffter/E. Römisch: *Caesars Commentarii de bello Gallico. Interpretationen – Didaktische Überlegungen,* Heidelberg 1971 (*Heidelberger Texte – Didaktische Reihe* 4).
(99) F. Heubner: *Das Feindbild in Caesars Bellum Gallicum,* Diss. Rostock 1971.
(100) J. Harmand: *Une composante scientifique du Corpus Caesarianum: le portrait de la Gaule dans le ‚De bello Gallico' I–VII,* in: *Aufstieg und Niedergang der römischen Welt* I 3, 1973, 523–595.

Ferner Nr. 60–64, 114, 117, 128.

6.3 Grundsätzliches zur Glaubwürdigkeit der Commentarii de bello Gallico

(101) F. Fröhlich: *Die Glaubwürdigkeit Caesars in seinem Bericht über den Feldzug gegen die Helvetier, 58 v. Chr.*, Aarau 1903.
(102) P. Huber: *Die Glaubwürdigkeit Cäsars in seinem Bericht über den gallischen Krieg,* Bamberg 1913.
(103) M. Rambaud: *L'art de la déformation historique dans les Commentaires de César,* Paris 1952.
(104) G. Walser: *Caesar und die Germanen. Studien zur politischen Tendenz römischer Feldzugsberichte,* Wiesbaden 1956 (*Historia Einzelschriften* 1).
(105) H. Oppermann: *Neuere Forschungen zur Glaubwürdigkeit Caesars,* in: *Gymnasium* 68, 1961, 258–269.
(106) W. Hering: *Zur Tendenz des Bellum Gallicum,* in: *Acta Classica Universitatis Scientiarum Debreceniensis* 3, 1967, 55–62.
(107) J. H. Collins: *Caesar as political propagandist,* in: *Aufstieg und Niedergang der römischen Welt* I 1, 1972, 922–966.
(108) K. Stiewe: *Wahrheit und Rhetorik in Caesars Bellum Gallicum,* in: *Würzburger Jahrbücher für die Altertumswissenschaft N. F.* 2, 1976, 149–163 (zu Buch III Anfang).

Ferner Nr. 30, 60, 63, 89.

6.4 Fachdidaktisches und Fachmethodisches zum ‚Bellum Gallicum'

(In diesem Abschnitt sind vor allem die Veröffentlichungen aufgenommen, bei denen die Unterrichtspraxis im Vordergrund steht.)
(109) M. Krüger: *Die Caesarlektüre in der heutigen Schule,* in: *Der altsprachliche Unterricht* I 4, 1952, 65–80.
(110) I. Tschirky: *Spannende Caesarlektüre,* in: *Der altsprachliche Unterricht* V 5, 1962, 94–107.
(111) A. Klinz: *Die Caesarlektüre,* in: E. Ahrens (Hrsg.): *Lateinausbildung im Studienseminar,* Frankfurt am Main ²1966, 74–83.
(112) W. Jäkel: *Lateinische Mittelstufenlektüre,* in: *Methodik des altsprachlichen Unterrichts,* Heidelberg ²1966, 200–217.
(113) K. Bayer: *Caesar im Unterricht,* in: *Die Alten Sprachen im Gymnasium,* München 1968, 67–92.
(114) H. Oppermann: *Caesar,* in: H. Krefeld (Hrsg.): *Interpretationen lateinischer Schulautoren. Mit einer didaktischen Einführung,* Frankfurt am Main ²1970, 28–50.
(115) E. Römisch, vgl. Nr. 98, S. 53–95.
(116) K. Bayer: *Lernziele der Caesarlektüre,* in: *Der altsprachliche Unterricht* XV 5, 1972, 5–25.
(117) H.-J. Glücklich: *Das erste Buch des ‚Bellum Gallicum' im Schulunterricht,* in: *Der altsprachliche Unterricht* XV 5, 1972, 44–82.
(118) H. Munding: *Politische Bildung und Caesarlektüre,* in: *Der altsprachliche Unterricht* XV 5, 1972, 26–43.
(119) M. Fuhrmann: *Cäsar oder Erasmus?,* in: *Gymnasium* 81, 1974, 394–407.
(120) H. Keulen: *Politisches Denken bei der Cäsar-Lektüre in der 10. Klasse,* in: *Festschr. 150 Jahre Burggymnasium Essen* 1974, 53–57, jetzt in F. Maier (s. Nr. 136), 66–75.
(121) H. Storch: *Nugae et facetiae statt ‚Bellum Gallicum'?,* in: *Mitteilungen für Lehrer der Alten Sprachen* 1974/2, 21–22.
(122) A. Klinz: *Schlagwort und Propaganda. Ihre Bedeutung bei der Caesarlektüre,* in: *Der altsprachliche Unterricht* XVII 4, 1974, 85–88.
(123) H. Munding: *‚Existentieller Transfer' bei lateinischen Historikern,* in: F. Maier (Hrsg.): *Antike Texte – moderne Interpretation.* Beiheft der Zeitschrift *Anregung* o. J. (1975), 7–18.
(124) H.-J. Glücklich: *Anfangslektüre,* in: *Alte Sprachen in Rheinland-Pfalz.* Informationen des Landesverbandes Rheinland-Pfalz im Deutschen Altphilologenverband XXI/1, 1975, 7–12, und XXI/2, 1975, 3–6.
(125) G. Bloch: *Lernvokabular zu Caesars Bellum Gallicum,* Beilage zu *Der altsprachliche Unterricht* XIX 4, 1976.
(126) F. W. Bratvogel: *Empirisches Textverstehen am Beispiel der Caesarlektüre,* in: *Der altsprachliche Unterricht* XX 5, 1977, 25–41.
(127) H.-J. Glücklich: *Lateinische Lektüre in der Sekundarstufe* I, Kronshagen bei Kiel 1977 (IPTS-Arbeitspapiere zur Unterrichtsfachberatung, Unterrichtsfach: Latein).
(128) C. Iulius Caesar, *De Bello Gallico.* Textauswahl mit Wort- und Sacherläuterungen. Arbeitskommentar mit Zweittexten, Stuttgart 1977, ²1984.
(129) A. Clasen: *Der Griff nach Britannien. Caesar als Anfangslektüre,* in: *Neue Wege bei der Caesar-Lektüre,* Kiel 1978 (IPTS-Beiträge für Unterricht und Lehrerbildung 7), 1–45, jetzt in Nr. 136, 27–65.
(130) F. Maier: *Auch Caesar ein Schriftsteller der Anfangslektüre. Zu den Problemen des lateinischen Lektürebeginns,* in: P. Neukam (Hrsg.): *Erbe, das nicht veraltet,* München 1979 (Dialog Schule–Wissenschaft, Klassische Sprachen und Literaturen XIV), 142–176.
(131) G. Fink: *Caesarbild und Caesarlektüre,* in: *Der altsprachliche Unterricht* XXIII 3, 1980, 32–41.
(132) Kultusministerium Rheinland-Pfalz (Hrsg.): *Lateinische Lektüre – Sekundarstufe I – Themen – Texte – Ziele,* Mainz 1981 (*Schulversuche und Bildungsforschung. Berichte und Materialien* Bd. 35, Redaktion: H.-J. Glücklich), 32–46.

(133) A. Ott/H. Wolf: *Ein neuer Weg zur Caesarlektüre in der 10. Klasse der Gymnasien,* in: *Der altsprachliche Unterricht* XXIV 3, 1981, 53–69.
(134) E. Küppers: *Cäsar als Alternative zu Cäsar. Vorschläge zur Anfangslektüre,* in: *Der altsprachliche Unterricht* XXV 4, 1982, 53–65.
(135) F. Maier: *Caesar redivivus. Politische Bildung am Zentralautor der Mittelstufe,* in: P. Neukam (Hrsg.): *Information aus der Vergangenheit,* München 1982 (*Dialog Schule – Wissenschaft, Klassische Sprachen und Literaturen* XVI), 168–201, auch in: Staatsinstitut für Schulpädagogik und Bildungsforschung München (Hrsg.): *Handreichungen für den Lateinunterricht in den Jahrgangsstufen 8 bis 11,* Bd. 1: *Prosa,* Donauwörth 1984, 65–101.
(136) F. Maier: *Caesar und die Schüler heute. Das Bellum Gallicum im Zentrum der Mittelstufen-Lektüre,* in: *Caesar im Unterricht. Unterrichtsprojekte · Hilfsmittel · Textinterpretationen,* Bamberg 1983 (*Auxilia* 7), 5–26.
(137) K. Karl: *Auswahlvorschlag zur Caesar-Lektüre,* in: Staatsinstitut für Schulpädagogik (Hrsg.): *Handreichungen* ... (s. Nr. 135), 102–122.
(138) K.-H. Niemann: *Erweiterung und Wiederholung von Grammatikkenntnissen bei der Caesar-Lektüre,* in: *Der altsprachliche Unterricht* XXVIII 3, 1985, 19–31.

Vgl. ferner Nr. 6, 161–162, 169–173, 196, 210.

6.5 Medieneinsatz und Realien bei der Caesar-Lektüre

(139) E. Hartmann: *Archäologische und kunsthistorische Aspekte bei der Caesar-Lektüre,* in: *Der altsprachliche Unterricht* VIII 4, 1965, 81–97.
(140) R. Ell/M. Sprissler: *Bilder zu Caesars Bellum Gallicum,* München 1974 (Institut für Film und Bild in Wissenschaft und Unterricht, Grünwald, Farbreihe R 2137 mit Beiheft).
(141) H. Dohm/R. Powierski: *Caesar ‚Bellum Gallicum' VII 70 im Zeichenfilm. Versuch einer Textübertragung mit den Mitteln des Films,* in: *Neue Wege* ... (s. Nr. 129), zweite Hälfte, 51 S.
(142) W. Müller: *Realienkunde zu Caesar: Caesars Helvetierkrieg.* Overhead-Transparentserie zu B. G. I 1–30, Stuttgart 1982.
(143) R. Ell: *Römer auf deutschem Boden,* Dias der Fa. Höpfel, Bernburger Str. 30, 1000 Berlin 61, zu den Themenkreisen Architektur (Best.-Nr. 861), Heereswesen (862), Limes (863), Bürgerliches Leben (864), Kunst (865), Religion (866).
(144) W. Hundsrucker: *Medieneinsatz bei der Caesar-Lektüre. Zum Beispiel: Der Helvetier-Krieg,* in: F. Maier (Hrsg.): *Caesar im Unterricht* (s. Nr. 136), 117–140.
(145) H.-J. Glücklich: *Texterschließung und Wortschatzarbeit.* Overhead-Transparent-Serie zu B. G. I 1–30, Stuttgart (in Vorbereitung).

Ferner Nr. 174.

6.6 Interpretationen und Auslegungen zum ‚Bellum Helveticum' (Gall. 1, 1–30)

(Die fachdidaktisch und fachmethodisch ausgerichteten Veröffentlichungen stehen jeweils am Schluß.)

6.6.1 Zum ‚Bellum Helveticum' allgemein und insgesamt

(146) A. T. Otis: *The Helvetian campaign. Was Caesar wise and welful?,* in: *The Classical Journal* 10, 1914, 241–250.
(147) A. Klotz: *Der Helvetierzug,* in: *Neue Jahrbücher für das Klassische Altertum* 1915, 609–632.
(148) L. Reinhardt: *Helvetien unter den Römern,* Kap. II: *Wie Helvetien römisch wurde,* Berlin/Wien 1924.
(149) E. Täubler/G. Veith: *Bellum Helveticum. Eine Caesar-Studie,* Zürich 1924.
(150) F. Staehlin: *Die Schweiz in römischer Zeit,* Kap. II: *Die Unterwerfung unter Rom,* Basel [2]1931.
(151) F. Stoessl: *Caesars Politik und Diplomatie im Helvetierkrieg,* in: *Études Suisses d'Histoire Générale* 8, 1950, 5–36.

Ferner Nr. 60–64, 97–100, 114, 117, 128.

6.6.2 Zu den einzelnen Kapiteln des ‚Bellum Helveticum':

c. 1:

(152) H. Oppermann: *Zu den geographischen Exkursen in Caesars Bellum Gallicum,* in: *Hermes* 68, 1933, 182–195.
(153) A. Klotz: *Geographie und Ethnographie in Caesars Bellum Gallicum,* in: *Rheinisches Museum* 83, 1934, 66–96.
(154) G. Jachmann: *Caesartext und Caesarinterpolation,* in: *Rheinisches Museum* 89, 1940, 161–188.
(155) E. C. Echols: *Ea quae ad effeminandos animos pertinent,* in: *The Classical Journal* 45, 1949, 92–93.
(156) J. Whatmough: *Gentes variae linguis,* in: *Word* 5, 1949, 106–115.
(157) K. Langlouis: *Raumauffassung und geographisches Welt-Bild in der römischen Politik von Pompeius bis Traian,* Diss. Tübingen 1951.
(158) J. Whatmough: *Hi omnes lingua inter se differunt,* in: *Orbis* 1, 1952, 428–441.
(159) W. Hering: *Die Interpolation im Prooemium des Bellum Gallicum,* in: *Philologus* 100, 1956, 67–99.

(158) R. Schmittlein: *Matra et Matruona,* in: *Revue internationale d'Onomastique* 17, 1965, 63–67.
(159) Th. Berres: *Die geographischen Interpolationen in Caesars Bellum Gallicum,* in: *Hermes* 98, 1970, 154–177.
(160) D. Panhuis: *Word order, genre, adstratum: the place of the verb in Caesar's topographical excurses,* in: *Glotta* 59, 1981, 295–308.

(161) E. Hermes: *Zur Syntax der mehrdeutigen und synonymen Konjunktionen im Lateinischen,* in: *Der altsprachliche Unterricht* IV 5, 1961, 87–122, bes. 117f.
(162) N. Wilsing: *Die Praxis des Lateinunterrichts.* Teil II: *Probleme der Lektüre,* Stuttgart [2]1964, 61–63.

Ferner Nr. 98, 117.

c. 2–5
(163) H. Fränkel: *Über philologische Interpretation am Beispiel von Caesars Gallischem Krieg,* in: *Neue Jahrbücher für Wissenschaft und Jugendbildung* 9, 1933. Jetzt in D. Rasmussen (s. Nr. 23), 165–188, bes. 176–179.
(164) A. Braunwarth: *Some parallels between the Mormon and the Helvetian migration,* in: *The Classical Journal* 34, 1939, 423–425.
(165) E. Meyer: *Die Zahl der Helvetier bei Caesar,* in: *Zeitschrift für Schweizerische Geschichte* 29, 1949, 65–70.
(166) W. Hering: *Caesar und Orgetorix,* in: *Wissenschaftliche Zeitschrift der Universität Rostock* 12, 1963, 221–227.
(167) H. Montgomery: *Caesar und die Grenzen. Information und Propaganda in den Commentarii de bello Gallico,* in: *Symbolae Osloenses* 49, 1973, 57–92.
(168) W. Wimmel: *Caesar und die Helvetier,* in: *Rheinisches Museum* 125, 1982, 59–66.

(169) W. Jäkel: *Der Auswanderungsplan der Helvetier,* in: *Der altsprachliche Unterricht* I 4, 1952, 40–57.
(170) N. Wilsing (s. Nr. 162), 63–65.
(171) E. Zielinski: *Grammatische Begriffsbildung und Valenzgrammatik,* in: *Der altsprachliche Unterricht* XVII 4, 1974, 34–58, bes. 57f.
(172) R. Gottwald: *Cäsar und die Helvetier – Cäsarrezeption im Jugendbuch,* in: *Anregung* 29, 1983, 315–318.
(173) W. Rinner: *Erfassen der Tendenz in Caesars Bellum Gallicum. Die Darstellung des Dumnorix – ein Beispiel manipulierter Information?,* in: F. Maier (s. Nr. 136), 76–86.
(174) W. Hundsrucker: *Zum Einsatz des Tageslichtprojektors im lateinischen Lektüreunterricht* (Caesar, *B.G.* 1, 3–5), in: Staatsinstitut (s. Nr. 135), 123–140.

Ferner Nr. 110, 117, 153.

c. 6
(175) J. van Ooteghem: *Le genre de dies,* in: *Les Études Classiques* 7, 1938, 398–400.
(176) L. Blondel: *L'emplacement du pont de César sur le Rhône à Genève,* in: *Genava* 16, 1938, 105–115.
(177) P. Collart: *César et Genève. Quatre esquisses d'histoire de Genève* I, Genf 1942.

c. 7–10
(178) B. M. Allen: *On Caesar B.G.* 1, 9, in: *The Classical Journal* 14, 1919, 132.
(179) T. W. Valentine: *Caesar, De bello Gallico* 1, 10, in: *The Classical World* 25, 1931, 49–51.
(180) L. Blondel: *Le retranchement de César sur le Rhône,* in: *Genava* 23, 1945, 44–65.
(181) J. van Ooteghem: *Le Rhône dans l'antiquité,* in: *Annuaire de l'Institut de Philologie et d'histoire Orientales de l'Université Libre de Bruxelles* 9, 1949, 583–592.
(182) J. Harmand: *Une barbacane césarienne méconnue sur le* murus *du Rhône?,* in: *Bulletin de la Société nationale des Antiquaires de France* 1961, 188–197.
(183) D. Rickly: *L'opération Genua de 58 av. J.-C. Le* murus *de César à Genève,* Resumé in: *Revue des Études Latines* 50, 1972, 24–25.

(184) W. Biermann: *Beiträge zur Praxis des dreijährigen Lateinkurses der Oberstufe,* in: *Der altsprachliche Unterricht* XIV 4, 1971, 41–52.
(185) H.-J. Glücklich: *Klassenarbeiten und Abiturprüfung auf der Studienstufe,* in: *Der altsprachliche Unterricht* XVII 3, 1974, 23–45, bes. 38–42.

Ferner Nr. 110, 117, 167.

c. 11–12
(186) K. Keseling: *Seneca Apocolocyntosis* 7, 2, 11–13, und *Caesar, Bellum Gallicum* 1, 12, 1, in: *Philologus* 84, 1929, 119–120.
(187) E. S. Mc Cartney: *The divine retribution suffered by the Helvetii,* in: *The Classical Journal* 27, 1932, 333–336.
(188) M. Hennicke: *Die Hybris im Geschichtsbild Thukydides' und Caesars,* Athen 1966.

(189) H.-J. Glücklich: *Fachstudium als Vorbereitung erfolgreichen Unterrichtens. Interpretationsmethoden, Textanalyse, Grammatiklehre,* in: *Der altsprachliche Unterricht* XXIV 6, 1981, 53–79, bes. 58–70.

Ferner Nr. 98, 117.